EINFACH GUT

MARIANNE KALTENBACH

JAPANISCHE KÜCHE

FALKEN

Inhalt

Zu diesem Buch

Die japanische Küche unterscheidet sich von anderen asiatischen Küchen in erster Linie durch die Einfachheit der Zubereitung und durch die Eleganz in der Präsentation. Die Berücksichtigung der Optik beim Servieren der Gerichte basiert auf einer Ideologie, die bis heute von außen nicht beeinflußt wurde.
In Japan legt man großen Wert auf Frische und Qualität der Zutaten, die saisonal verwendet werden. Fisch und zum Teil auch Rindfleisch werden mit Vorliebe roh gegessen. Als wichtiger Eiweißspender wird häufig Tofu verwendet. Die meisten japanischen Alltagsgerichte enthalten Gemüse. Als Beilage wird zu jeder Mahlzeit Reis gereicht. Ein Rezept für die Zubereitung von Reis auf japanische Art finden Sie auf Seite 6. Sehr wichtig sind auch die schonenden Zubereitungsmethoden. Die meisten Speisen werden in oder über Wasser gegart. Zum Braten verwendet man wenig Erdnußöl. Fritiert wird nur Tempura (siehe Seite 18).
Für dieses Buch wurden Spezialitäten ausgewählt, die einfach zuzubereiten sind und deren Zutaten in Asienläden erhältlich sind. Einen kleinen Überblick über die wichtigsten erhalten Sie auf den Seiten 4 und 5. Besondere Küchengeräte benötigen Sie für die japanischen Gerichte nicht. Empfehlenswert sind gute Messer, Töpfe aus Edelstahl oder Gußeisen, Bratpfannen, eventuell ein Wok und ein Siebeinsatz zum Dämpfen oder ein YAKI-Grill.
Zu jedem Rezept finden Sie im Rezeptkopf eine Zubereitungszeit, diese schließt eventuelle Vorbereitungszeiten bereits mit ein. Sonderzeiten, wie z.B. Zeit zum Marinieren, Zeit zum Einweichen etc. werden extra ausgewiesen. Eine Kalorienangabe je Portion ergänzt diesen Informationsblock. Sofern nicht anders angegeben, sind alle Rezepte für 4 Personen berechnet.
Zu Ihrer Orientierung finden Sie über jedem Rezeptfoto ein Stichwort zur Geschmackscharakteristik und eines zum zeitlichen Gesamtaufwand.
Dabei definieren wir:

schnell: Das Gericht ist in maximal 1/2 Stunde fertig.
braucht Zeit: Das Gericht ist in maximal 1/2 bis 1 1/2 Stunden fertig.
zeitintensiv: Die Zubereitung des Gerichts dauert länger als 1 1/2 Stunden.

Die Zeitbegriffe beinhalten die Zubereitungs- und Garzeit sowie sämtliche Sonderzeiten.
Bei der Zubereitung gehen wir davon aus, daß Salat, Gemüse, Kräuter, Fleisch etc. bereits geputzt bzw. gewaschen sind. Diese Arbeitsgänge werden daher in den Rezepten nicht mehr gesondert erwähnt.

Abkürzungen:

EL	= Eßlöffel (gestrichen)
TL	= Teelöffel (gestrichen)
Msp.	= Messerspitze
Bd.	= Bund
P.	= Päckchen
TK-...	= Tiefkühl-...
l	= Liter
ml	= Milliliter
cl	= Zentiliter
kg	= Kilogramm
g	= Gramm
kcal	= Kilokalorien
ca.	= circa
Min.	= Minute(n)
Std.	= Stunde(n)
°C	= Grad Celsius
cm	= Zentimeter

Die Rezepte sind für **4 Personen** berechnet. Ausnahmen sind im Rezeptkopf angegeben.
Die **Kalorienangaben** beziehen sich immer auf **1 Portion.**

Japanische Produkte

Im Folgenden werden Ihnen typische Zutaten der japanischen Küche vorgestellt. Sie erhalten sie in gut sortierten Supermärkten oder in Asienläden.

Austernsauce
Diese dickflüssige Würzsauce wird aus Austernextrakt hergestellt. Sie wird zum Würzen von Fischgerichten, Suppen und Saucen verwendet.

Bonitoflocken
Der Bonito ist ein Blaufisch. Zur Herstellung der Flocken werden seine Filets zu harten Blöcken luftgetrocknet und dann dünn geschabt. Sie werden für die Zubereitung von Dashi verwendet.

Chili
Die scharfen kleinen Pfefferschoten gibt es getrocknet oder frisch im Handel. Auch als Chiliöl ist diese Würze erhältlich.

Daikon
Dieser große, weiße Rettich ist etwas länger und schmäler als die europäischen Sorten.

Dashi
Dashi ist eine Suppenbasis. Sie wird aus getrockneten Fischflocken (Bonito) und getrocknetem Seetang (Konbu) hergestellt.

Glasnudeln
Diese Nudeln sehen wie durchsichtige, dünne Fäden aus. Sie werden meist aus Mungobohnen gewonnen.

Hoisinsauce
Diese scharfe Sauce wird zu vielen Gerichten gereicht. Sie wird auch Barbecuesauce genannt.

Konbu
Konbu ist getrockneter Seetang. Er wird für die Herstellung von Dashi verwendet.

Lotuswurzel
Sie ist die Wurzel des Wasserlotus. Man bekommt sie in Scheiben geschnitten in der Konserve oder tiefgekühlt.

Mirin
Dies ist ein süßlicher Reiswein. Er ist zum Kochen, nicht aber zum Trinken geeignet.

Miso
Miso ist ein beliebtes Gewürz in der japanischen Küche. Es wird aus fermentierten Sojabohnen gewonnen und dient zum Würzen von Suppen, Saucen, Fisch- und Fleischgerichten.

Nori
Dies sind weiche Seetangblätter, die durch Rösten getrocknet werden. Für die Zubereitung von Sushirollen und als Würze für verschiedene Gerichte sind sie unentbehrlich.

Pfeffer, japanischer (Sansho-Pfeffer)
Gewonnen wird dieser Pfeffer durch das Mahlen der stacheligen Außenhülle der Eschensa-

men. Zum Würzen von Suppen und Fischgerichten (z.B. Aal) ist er besonders geeignet.

Reisessig
Dieser ist unentbehrlich für die Zubereitung von Sushireis. Er wird aber auch häufig für Saucen und Dressings verwendet.

Saké
Dieser Reiswein wird traditionell zu einer japanischen Mahlzeit getrunken. Aber auch zum Würzen von Saucen und Marinaden wird er eingesetzt.

Sesam
Sesam gibt es als schwarze, weiße oder braune Körner. Sie werden im Ganzen oder geröstet und gemahlen als Gewürz für pikante und süße Speisen verwendet.

Shiitakepilze
Die großen, schwarzen Pilze sind frisch und getrocknet im Handel. Getrocknete müssen vor Gebrauch etwa 20 Minuten in Wasser eingeweicht werden.

Shiratakinudeln
Das sind durchsichtige, gallertartige Nudeln die aus der Stärke einer kartoffelähnlichen Pflanze (Konnayaku) hergestellt werden.

Sojasauce
Die Sojasauce ist das in der japanischen Küche am häufigsten verwendete Gewürz. Sie wird aus Sojabohnen und Weizen unter Zugabe von Salzwasser gebraut und erhält ihr einmaliges Aroma durch die sechsmonatige, natürliche Gärung. Die Firma Kikkoman stellt besonders feine Sojasaucen her.

Tofu
Tofu wird aus Sojabohnen gewonnen und ist in Japan in verschiedenen Variationen erhältlich. Er enthält sehr viel Eiweiß und eignet sich besonders für vegetarische Gerichte.

Udonnudeln
Dies sind dicke, weiße Nudeln aus Weizenmehl.

Wakame
Wakame ist ein Seetang. Er ist dem Nori-Seetang sehr ähnlich und wird in Salaten und Suppen verwendet. Vor Gebrauch muß er gründlich gewaschen werden.

Wasabi
Ist ein grüner, scharfer Meerrettich und bedeutend schärfer als der europäische. Wasabi ist in pulverisierter Form zum Anrühren in Dosen erhältlich.

Braten mit dem YAKI-Grill

„YAKI" ist japanisch und heißt braten oder grillen. Sie können den Grill bei allen Rezepten einsetzen, in denen Sie etwas kurz anbraten müssen. Steht Ihnen der Grill nicht zur Verfügung, können Sie natürlich auch, wie im Rezept angegeben, die Gerichte in der Pfanne mit etwas Öl zubereiten.
Der **YAKI-Grill** zaubert mit seinem japanischen Design einen Hauch fernöstlicher Atmosphäre, denn alles wird direkt am Tisch mit einer heißen Platte zubereitet. Das Essen wird zu einem Ereignis, läßt Kulturen näher zusammenrücken und öffnet neue Horizonte.
Die Zubereitung mit dem Grill entspricht unserem Bedürfnis nach einer gesunden und ausgewogenen Ernährung. Die Garmethode ist dabei sehr einfach: Sie braten die angerichteten Speisen kurz und schonend auf der beschichteten Platte mit wenig Fett und servieren sie danach sofort mit einer raffinierten Sauce. Die Grillplatte gewährleistet eine gleichmäßige, andauernde Hitzeverteilung und eine optimale Wärmespeicherung. Die gewünschte Temperatur können Sie stufenlos regeln. Der **YAKI-Grill** eignet sich natürlich auch für alle europäischen Grillspeisen.

Beilagen und Saucen

Reis zählt in Japan zu den Hauptnahrungsmitteln und wird am Ende jeder Mahlzeit gereicht. Sushireis, der aus Reis, Essig und Zucker besteht, ist die Grundlage für diese japanische Spezialität und wird zusammen mit Fisch, Meeresfrüchten oder Fleisch zu kleinen Köstlichkeiten verarbeitet. Reis auf japanische Art wird ohne Salz gekocht, da die Speisen bereits genügend Würze enthalten. Die hier vorgestellten Saucen passen zu Gemüse-, Fleisch- und Fischgerichten.

Für einen **Sushireis** benötigen Sie
300 g Rundkornreis
1 Stück Konbu (Seetang, ca. 6 x 6 cm)
1 EL Zucker, 1 1/2 EL Salz und
3–4 EL Reis- oder Weißweinessig.

Er wird wie folgt zubereitet:
Den Reis auf einem Sieb gründlich waschen und dann abtropfen lassen. In einen Topf geben und mit etwa 400 ml Wasser bedecken. Den Seetang mit einem feuchten Tuch abwischen, seitlich einschneiden und auf den Reis geben. Das Ganze unter mehrmaligem Umrühren zum Kochen bringen. Die Hitze reduzieren und den Reis bei milder Hitze 10 Minuten kochen lassen. Das Seetangstück entfernen und den Reis nochmals 8 bis 10 Minuten garen, bis das gesamte Wasser vom Reis aufgesogen wurde. Den Topf vom Herd nehmen, den Reis mit einem Küchentuch bedecken und 10 Minuten ruhen lassen. Den Zucker und das Salz im Essig unter Rühren auflösen. Den Reis in eine Schüssel füllen. Die Essiglösung darüberträufeln und vorsichtig daruntermischen. Dabei mit einem Fächer kühle Luft zuführen, damit der Reis locker wird.

Tip:
Sushireis darf niemals in den Kühlschrank gestellt werden und sollte am Tag der Zubereitung verzehrt werden.

Für einen **Reis auf japanische Art**
benötigen Sie
150 g Rundkornreis.

Der Reis wird wie folgt zubereitet:
Den Reis auf einem Sieb unter fließendem Wasser waschen, bis das Wasser klar läuft. Den Reis zusammen mit 300 ml Wasser in einen Topf geben. Das Ganze zum Kochen bringen. Die Hitze reduzieren und den Reis zugedeckt bei niedrigster Stufe etwa 12 Minuten garen. Den Topf vom Herd nehmen. Den Reis zugedeckt etwa 12 Minuten ruhen lassen und dann servieren.

Für eine **Soja-Früchte-Sauce** benötigen Sie
1 Orange
1 Zitrone
1 EL Ernußöl
1 grobgehackte Knoblauchzehe
1 EL einfach konzentriertes Tomatenmark
5 EL Saké oder trockenen Sherry
1 TL flüssigen Honig
2 EL Ananassaft
1 EL Speisestärke
2 TL japanische Sojasauce
Salz und schwarzen Pfeffer aus der Mühle.

Die Sauce wird wie folgt zubereitet:
Die Zitrusfrüchte jeweils schälen. Die Filets jeweils aus den weißen Trennwänden lösen und das Fruchtfleisch würfeln, dabei den austretenden Saft auffangen. Das Öl in einer Pfanne erhitzen und den Knoblauch darin andünsten. Das Tomatenmark einrühren, mit Saké oder Sherry ablöschen und die Mischung kurz aufkochen lassen. Den Honig und den Ananassaft dazugeben und das Ganze unter ständigem Rühren köcheln lassen. Die Speisestärke mit der Sojasauce glattrühren und die Sauce damit binden. Zum Schluß die Orangen- und Zitronenwürfel sowie den Fruchtsaft hinzufügen und die Sauce mit Salz und Pfeffer abschmecken.

Für eine **Ingwer-Soja-Sauce** benötigen Sie
20 g frische Ingwerwurzel
$^1/_2$ TL rote oder grüne Chilischoten
4 durchgepreßte Knoblauchzehen
100 ml japanische Sojasauce
8 EL Reis- oder Weißweinessig
8 EL Reiswein oder trockenen Sherry
2–3 EL Zucker und
1 EL Sesamöl.

Die Sauce wird wie folgt zubereitet:
Die Ingwerwurzel schälen, die Chilischoten entkernen. Beides in feine Würfel schneiden und zusammen mit dem Knoblauch in eine Pfanne geben. Sojasauce, Essig, Reiswein oder Sherry, Zucker sowie Sesamöl hinzufügen, alles gut verrühren und erhitzen. Die Sauce auf die Hälfte einkochen lassen und dann in ein Schüsselchen füllen.

Für eine **Gemüsesauce** benötigen Sie
2 EL frisch geriebenen Ingwer
4 durchgepreßte Knoblauchzehen
1–2 feingehackte Chilischoten
6 EL japanische Sojasauce
6–8 EL Reis- oder Weißweinessig
1 EL Zucker
1 EL Sesamöl
5 EL Reiswein und
2 EL Schnittlauchröllchen oder feingehacktes Grün einer Frühlingszwiebel.

Die Sauce wird wie folgt zubereitet:
Alle Zutaten bis auf die Schnittlauchröllchen oder das Frühlingszwiebelgrün in einen Topf geben. Das Ganze gut vermischen, erhitzen und offen köcheln lassen, bis sich die Sauce auf die Hälfte reduziert hat. Die Sauce in ein Schüsselchen füllen und darin mit Schnittlauchröllchen oder Frühlingszwiebelgrün vermengen.

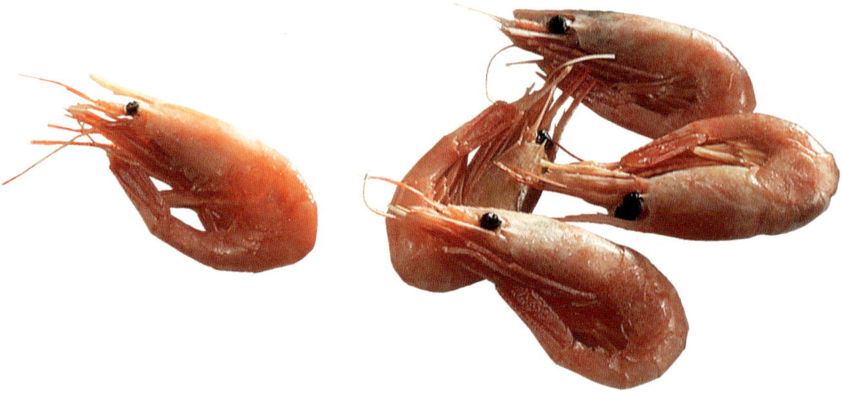

KLEINE GERICHTE UND SUPPEN

Reichen Sie diese Gerichte als Vorspeise, zum Hauptgericht oder als Snacks für den kleinen Hunger.

Sushi in Variationen

- Zubereitungszeit: ca. 1 3/4 Std.
- ca. 630 kcal je Portion

1 Rezept Sushireis (siehe S. 6)

Einfache Sushi:
4 ausgelöste Riesengarnelen
250 ml Dashibrühe (siehe S. 14)
100 g dünne Lachsscheiben
100 g dünne Thunfischscheiben
100 g dünne Steinbuttscheiben
100 g dünne Rotbarbenfiletscheiben
2 EL japanische Sojasauce

Norirollen:
150 g dünne Thunfischscheiben
1 EL japanische Sojasauce
1 EL Reiswein
2 Noriblätter (Blätter aus Seetang)

Sushi mit Makrelen:
1 EL japanische Sojasauce
1 El Reisessig
1 EL Reiswein
50 g dünne Makrelenfiletscheiben
Wasabi zum Würzen

1. Für die einfachen Sushi eine Bambusmatte (ersatzweise ein Küchentuch) mit Klarsichtfolie belegen. Die Hände mit Essigwasser befeuchten und ein Drittel der Reismenge als Streifen auf die Folie geben. Den Streifen zu einer 20 cm langen Rolle von etwa 3 cm Ø formen und die Matte fest aufrollen.

2. Den dunklen Darm der Garnelen entfernen und diese auf Holzspieße stecken. Die Brühe zum Kochen bringen, die Garnelen hineingeben und etwa 1 Minute darin ziehen lassen, dann kalt abschrecken.

3. Die Reisrolle auswickeln und in vier, jeweils 5 cm lange Stücke schneiden. Die Fischscheiben jeweils in 5 cm lange Stücke schneiden und auf einer Seite mit Sojasauce bestreichen. Auf jedes Stück Reis Fischstückchen legen und diese leicht andrücken. Die Garnelen längs aufschneiden und je eine Garnelenhälfte auf die Fischstücke legen.

4. Für die Norirollen die Thunfischscheiben in dünne Streifen schneiden und diese mit Sojasauce und Reiswein beträufeln. Eine Klarsichtfolie auf eine Bambusmatte legen und die Noriblätter darauf ausbreiten.

5. Auf jedem Blatt einen Streifen Reis aufhäufen. Die Thunfischstreifen jeweils in die Mitte drücken. Die Blätter jeweils aufrollen und dann fest in Folie wickeln. Die Norirollen kurz ruhen lassen, dann in 5 cm lange Stücke schneiden.

6. Für die Makrelensushi Sojasauce, Reisessig und -wein vermischen und die Makrelenfiletscheiben damit beträufeln. Aus dem restlichen Reis Sushirollen wie oben beschrieben mit der Hand formen und die Fischscheiben jeweils daraufsetzen.

ZEITINTENSIV
DELIKAT

Rochenflügelsalat

- Zubereitungszeit: ca. 40. Min.
- ca. 300 kcal je Portion

1 Bd. Löwenzahnsalat
1 Kopf Lollo-rosso-Salat
1 Bd. Radieschen
100 g Shiitakepilze
2 EL Ernußöl
100 g frische Sojasprossen
Saft von 1 Zitrone
2 EL japanische Sojasauce
1 TL Reis- oder Weißweinessig
2 EL Sesamöl
Salz
schwarzer Pfeffer aus der Mühle
1 Msp. Cayennepfeffer
4 filetierte Rochenflügel
250 g gekochte Brokkoliröschen

1. Die Salate jeweils in kleine Stücke zupfen, die Radieschen raffeln. Die Shiitakepilze in Streifen schneiden. Zusammen mit den Sojasprossen in 1 Eßlöffel Erdnußöl kurz andünsten, dann herausnehmen.

2. Für die Sauce Zitronensaft, Sojasauce, Essig und Sesamöl gut verrühren. Mit Salz, Pfeffer und Cayennepfeffer würzen.

3. Die Rochenflügel mit Salz und Pfeffer bestreuen und im restlichen Ernußöl von beiden Seiten kurz anbraten. Herausnehmen und das Rochenfleisch von den Gräten lösen.

4. Die Brokkoliröschen kleinschneiden und in die Sauce geben. Rochenfleisch zusammen mit Salat, Pilzen und Sojasprossen jeweils auf Tellern anrichten. Jede Portion mit Sauce beträufeln.
(auf dem Foto oben)

Tip:
Rochenflügel erhalten Sie tiefgekühlt in Asienläden.

Sushikugeln mit Lachs

- Für etwa 12 Stück
- Zubereitungszeit: ca. 40 Min.
- ca. 480 kcal je Portion

300 g Lachsfilet
1 Stück Gazestoff (20 x 20 cm) zum Formen der Sushi
1 hartgekochtes Eigelb
1 EL Wasabi
300 g Sushireis (siehe S. 6)

1. Den Lachs mit einem großen, scharfen Messer in etwa 4 x 4 cm große, dünne Scheiben schneiden.

2. Den Gazestoff in Wasser legen. Das Eigelb durch ein feines Sieb auf einen kleinen Teller streichen.

3. Den Gazestoff ausdrücken, auf die Innenfläche einer Hand legen und eine Fischscheibe darauflegen. Die Fischscheibe hauchdünn mit Wasabi bestreichen. Eine Handvoll Reis abnehmen, diese zu einer kleinen Kugel formen und auf den Lachs legen.

4. Den Gazestoff über dem Sushi zusammenschlagen und aus dem Ganzen eine Kugel formen. Den Stoff entfernen. In die Oberfläche des Lachses eine kleine Vertiefung drücken und etwas Eigelb hineinstreuen.

5. Auf diese Weise alle Zutaten zu Kugeln verarbeiten und diese auf frischen, grünen Blättern anrichten.
(auf dem Foto unten)

Tip:
Achten Sie bei Gerichten, die mit rohem Fisch zubereitet werden darauf, daß die Fische auch garantiert frisch sind und greifen Sie im Zweifelsfall lieber auf tiefgekühlte Ware zurück.

BRAUCHT ZEIT · FEIN

Sashimi

- Zubereitungszeit: ca. 1/2 Std.
- ca. 180 kcal je Portion

1 P. getrockneter Seetang
160 g frische Fischfilets
300 g Salz
1/2 weißer Rettich, in Streifen
1/4 Salatgurke, in Streifen
4–5 EL Reisessig
1/2 Zitrone in Scheiben
8 EL japanische Sojasauce
1 TL Wasabi

1. Den Seetang in kaltes Wasser legen. Die Fischfilets mit Salz bestreuen.

2. Den Essig mit 300 ml Wasser vermischen. Die Fischfilets mit dem Essigwasser abspülen und dann in dünne Scheiben schneiden.

3. Die Fischscheiben portionsweise anrichten und jeweils mit Rettich- und Gurkenstreifen sowie Zitronenscheiben garnieren. Den Seetang ausdrücken und jeweils dazugeben. Sojasauce mit Wasabi verrühren und als Dip dazu reichen.

Gerolltes Omelett

- Zubereitungszeit: ca. 1/4 Std.
- ca. 90 kcal je Portion

6 Eier
4 EL Dashi (siehe S. 14)
1 TL Zucker
2 EL Mirin
4 EL japanische Sojasauce
200 g geraspelter Rettich
1 EL Erdnußöl

1. Die Eier in einer Schüssel mit Zucker, Mirin und 2 Eßlöffeln Sojasauce verquirlen. Den Rettich mit der restlichen Sojasauce vermengen.

2. Eine große Pfanne mit etwas Öl ausstreichen und erhitzen. Ein Drittel der Eimasse hineingießen. Sobald diese zu stocken beginnt, das Omelett aufrollen.

3. Die Pfanne erneut mit Öl ausstreichen. Das zweite Drittel der Eimasse zu einem Omelett braten und dieses um das erste rollen. Restliche Eimasse ebenso verarbeiten und das gerollte Omelett zusammen mit dem marinierten Rettich servieren.

Sushireis mit Garnelen

- Zubereitungszeit: ca. 25 Min.
- ca. 530 kcal je Portion

4 eingeweichte Shiitakepilze
20 kleine, gekochte Garnelen
Omelett aus 2 Eiern
1 Karotte
400 g Sushireis (siehe S. 6)
100 g frisch geriebener Ingwer
2 EL Reisessig
1 TL Zucker, Salz
1 geröstetes Stück Nori, in Streifen
8 Lotusringe (aus der Dose)
6 blanchierte Zuckerschoten, in Streifen

1. Die Pilze in etwas Wasser in etwa 20 Minuten weich kochen, dann abtropfen lassen. Die Garnelen schälen, das Omelett in Streifen schneiden. Die Karotte in Scheiben schneiden.

2. Reis in einer Schüssel mit Pilzen, Garnelen, Omelett und Karotte vermischen. Ingwer mit Essig, Zucker und Salz vermengen.

3. Den Reis mit der Marinade beträufeln und mit Noristreifen, Lotusscheiben und Zuckerschoten garnieren.

Bunter Reis

- Zubereitungszeit: ca. 10 Min.
- ca. 190 kcal je Portion

200 ml Dashi (siehe S. 14)
250 g gekochter Reis
200 g gekochtes Hühnerfleisch
4 Shiitake- oder Austernpilze
1 gekochte Karotte
3 EL Saké oder trockener Sherry
200 g gekochte Erbsen
2 EL japanische Sojasauce

1. Dashi und Reis in einen Topf geben und darin erwämen.

2. Hühnerfleisch, Pilze und Karotte jeweils in feine Streifen schneiden und dann zum Reis geben.

3. Den Saké oder Sherry sowie die Erbsen hinzufügen und das Ganze mit Sojasauce abschmecken.

Dashi

- Zubereitungszeit: ca. 1/4 Std.
- ca. 20 kcal je Portion

1 Stück Konbu (getrockneter Seetang, ca. 10 cm)
150 g Katsuobushi (Blaufischflocken)

1. Den Konbu in Streifen schneiden und zusammen mit 800 ml Wasser in einem Topf zum Kochen bringen.

2. Den Konbu entfernen und den Kochprozeß durch Zugabe von 50 ml sehr kaltem Wasser unterbrechen.

3. Die Katsuobushi einrühren, alles aufkochen und dann ruhen lassen, bis sich die Flocken gesetzt haben. Den Dashi durch ein feines Tuch abseihen.
(auf dem Foto: oben)

Tip:
Dashi wird als Basis für Suppen und Saucen verwendet und kommt in vielen Rezepten dieses Buches vor. Sie können die Brühe auch portionsweise einfrieren.

Gemüsesuppe mit Huhn

- Zubereitungszeit: ca. 40 Min.
- ca. 150 kcal je Portion

4 Shiitakepilze, 400 g gemischtes, frisches Gemüse (Karotten, Brokkoli, Stangensellerie, Spargel), 1/2 Rettich
3 Frühlingszwiebeln
1 l Dashi (siehe Rezept auf dieser Seite)
2 EL japanische Sojasauce
1 EL Erdnußöl, 200 g Hühnerbrustfleisch ohne Knochen, 3 EL Misopaste
1 Prise Cayennepfeffer

1. Die Shiitakepilze, das Gemüse und den Rettich jeweils in feine Scheiben schneiden. Die Frühlingszwiebeln in Röllchen schneiden.

2. Den Dashi in einem Topf aufkochen lassen und mit Sojasauce würzen. Das Öl in einer Pfanne erhitzen und das Hühnerfleisch darin von beiden Seiten anbraten.

3. Dann das Fleisch würfeln und zusammen mit den Pilzen und dem Gemüse in den Dashi geben. Das Ganze etwa 2 Minuten offen kochen lassen.

4. Anschließend die Frühlingszwiebeln hinzufügen und die Suppe mit Misopaste sowie etwas Cayennepfeffer würzen.
(auf dem Foto: Mitte)

Misosuppe

- Zubereitungszeit: ca. 10 Min.
- ca. 30 kcal je Portion

1 TL Wakame (Seetang)
450 ml Dashi (siehe Rezept auf dieser Seite)
2 1/2 EL rotes Miso (Sojabohnenpaste)

1. Den Wakame für 5 Minuten in warmem Wasser einweichen. Dann auspressen und in kleine Stücke schneiden.

2. Den Dashi in einem Topf erhitzen, den Wakame hinzufügen und darin 1 bis 2 Minuten ziehen lassen.

3. Einen Eßlöffel Brühe abnehmen, das Miso damit glattrühren und die Mischung zur Suppe geben. Alles einmal aufkochen lassen und dann den Topf sofort vom Herd nehmen.
(auf dem Foto: unten)

SCHNELL · **FEIN-WÜRZIG**

BRAUCHT ZEIT · **AROMATISCH**

SCHNELL · **KLASSISCH**

Garnelensalat

- Zubereitungszeit: ca. $^{1}/_{2}$ Std.
- ca. 180 kcal je Portion

2 Frühlingszwiebeln
4 Cocktailtomaten
4 Blätter Lollo-rosso-Salat
8 Blätter Eissalat, Saft von 2 Limetten
1 durchgepreßte Knoblauchzehe
1 EL japanische Sojasauce
2 EL Dashi (siehe S. 14)
$^{1}/_{2}$ TL Sesamöl
8 große, ausgelöste Garnelen
8 Seeteufelscheiben (à ca. 30 g)
Salz, Pfeffer, $^{1}/_{2}$ TL englisches Senfpulver
etwas Öl, 2 EL feingehackter Portulak
12 Pfefferminzblätter
4 kleine Korinanderblätter
12 Basilikumblätter

1. Das Grün der Frühlingszwiebeln in Röllchen schneiden. Das Weiße längs halbieren, mehrmals einschneiden und in warmes Wasser legen. Die Tomaten vom Stielansatz befreien und vierteln. Den Salat in Stücke zupfen.

2. Für die Sauce Limettensaft, Knoblauch, Sojasauce, Dashi und Sesamöl in einer Schüssel gut verrühren. Die Garnelen längs halbieren und den Darm entfernen. Garnelen und Fischscheiben salzen, pfeffern und mit Senfpulver bestreuen.

3. Einen Siebeinsatz mit Öl bestreichen und die Garnelen und den Fisch hineingeben. Einen Topf etwa 4 cm hoch mit Wasser füllen und dieses zum Kochen bringen. Den Einsatz hineingeben und Garnelen sowie Fisch zugedeckt etwa 10 Minuten dämpfen.

4. Frühlingszwiebeln, Tomaten und Salat jeweils auf Tellern anrichten. Garnelen und Fischscheiben darauf verteilen. Mit Sauce beträufeln und mit Kräutern garnieren.
(auf dem Foto oben)

Salat mit Jakobsmuscheln

- Zubereitungszeit: ca. 20 Min.
- ca. 130 kcal je Portion

100 g Sojasprossen (aus dem Glas)
2 geschälte Tomaten
4 Frühlingszwiebeln
100 g Friséesalat
100 g Radicchiosalat
2 EL Reisessig
3 EL japanische Sojasauce
1 EL Sonnenblumenöl
1 EL Sesamöl
$^{1}/_{2}$ zerkleinerte Chilischote
12 Jakobsmuscheln ohne Rogen
Salz, Pfeffer
1 EL Erdnußöl
Schnittlauchblüten zum Garnieren

1. Die Sojasprossen mit kochend heißem Wasser überbrühen und abtropfen lassen. Die Tomaten in Scheiben schneiden. Die Frühlingszwiebeln längs halbieren, das Grün fein schneiden, das Weiße in warmes Wasser legen.

2. Die Salate in Stücke zupfen. Für die Sauce Essig, Sojasauce, Öle und Chilischote in einer Schüssel verrühren.

3. Die Jakobsmuscheln in Scheiben schneiden, salzen und pfeffern. Das Erdnußöl erhitzen und die Muscheln darin rasch anbraten.

4. Sojasprossen, Tomaten und Salat jeweils zusammen mit Muschelscheiben auf Tellern anrichten. Jede Portion mit Sauce beträufeln und mit Frühlingszwiebeln sowie Schnittlauchblüten garnieren.
(auf dem Foto unten)

SCHNELL · DELIKAT

SCHNELL · FRISCH

GEMÜSE

Die große Vielfalt an Gemüsen kommt in der japanischen Küche voll zum Einsatz. Durch schonende Garmethoden bleiben die wichtigen Vitamine des Gemüses erhalten.

Tempura mit Gemüse

- Zubereitungszeit: ca. 1 Std.
- ca. 410 kcal je Portion

1 mittelgroße Fenchelknolle
2 kleine Zwiebeln
1 kleine Aubergine
1 kleiner Zucchino
8 Brokkoliröschen, Salz

Für die Sauce:
150 ml Dashi (siehe S. 14)
150 ml konzentrierte Hühnerbrühe (Fertigprodukt)
50 ml japanische Sojasauce
50 ml trockener Sherry
1 TL Wasabi

Für den Teig:
1 großes Ei, 250 ml eiskaltes Wasser
120 g Mehl, 60 g Speisestärke

Außerdem:
1 l Erdnußöl zum Fritieren
4 EL Mehl, 4 Shiitakepilze

1. Den Fenchel in einzelne Blätter zerteilen und diese in mundgerechte Stücke schneiden. Die Zwiebeln schälen und in dünne Scheiben schneiden. Die Aubergine und den Zucchino jeweils in etwa 3 mm dicke Scheiben schneiden. Die Brokkoliröschen kurz in kochendem Salzwasser blanchieren.

2. Für die Sauce Dashi, Hühnerbrühe, Sojasauce und Mirin in einen Topf geben . Die Mischung erhitzen, aufkochen und abkühlen lassen. Die Sauce mit Wasabi abschmecken.

3. Für den Teig das Ei mit dem Wasser verquirlen. Das Mehl mit der Speisestärke vermischen und beides rasch mit einem Schneebesen unter die Ei-Wasser-Mischung rühren, bis ein dünnflüssiger Teig entsteht.

4. Das Öl in einer Friteuse oder in einem großen Topf auf 175 °C erhitzen. Das Mehl in einen tiefen Teller geben und alle Gemüsesorten sowie die Pilze darin wenden.

5. Die Gemüsesorten sowie die Pilze einzeln auf eine Gabel spießen, in den Teig tauchen und im Öl in 2 bis 3 Minuten hellgelb fritieren. Auf Küchenkrepp abtropfen lassen und sofort servieren. Die Sauce extra dazu reichen.

Tip:
Tempura sollte so schnell wie möglich auf den Tisch kommen, damit der Teig knusprig bleibt.

Variation:
Sie können auch andere Gemüsearten für das Tempura verwenden. Sehr gut schmecken zum Beispiel Spargel, Lauch, grüne Bohnen, Karotten oder Peperoni. Sie können auch Garnelen, Tintenfischringe oder Scampi auf diese Art zubereiten.

BRAUCHT ZEIT · KNUSPRIG

Kleine Gemüsepfannkuchen

- Zubereitungszeit: ca. 1/2 Std.
- ca. 490 kcal je Portion

1 Ei
250 g Mehl
2 EL japanische Sojasauce
2 große Weißkohlblätter
1 Zwiebel
4 EL Erdnußöl
80 g frische Sojabohnensprossen
80 g ausgelöste Garnelen

Für die Sauce:
80 g Mayonnaise
1 EL Tomatenketchup
1 TL japanische Sojasauce

1. Das Ei in eine Rührschüssel geben und darin mit 500 ml Wasser verquirlen. Das Mehl in die Mischung sieben, die Sojasauce hinzufügen und das Ganze mit einem Schneebesen rasch zu einem dickflüssigen Teig verarbeiten.

2. Die Kohlblätter in feine Streifen schneiden. Die Zwiebel schälen und grob hacken. 2 Eßlöffel Erdnußöl in einer Pfanne erhitzen und Kohlstreifen, Zwiebel sowie Sojabohnensprossen unter Rühren darin andünsten.

3. Die Gemüsemischung zusammen mit den Garnelen unter den Teig mischen. Die Zutaten für die Sauce in einer kleinen Schüssel gründlich verrühren.

4. Etwa 1 Teelöffel Erdnußöl in der Pfanne erhitzen. Kleine Teighäufchen in die Pfanne geben, diese etwas flachdrücken und dann von beiden Seiten goldbraun braten. Diesen Vorgang so oft wiederholen, bis das ganze Öl und der gesamte Teig aufgebraucht ist. Zusammen mit der Sauce servieren.

Sushireis mit Gemüsestreifen

- Zubereitungszeit: ca. 1 Std.
- ca. 690 kcal je Portion

500 g Sushireis (siehe S. 6)
3 getrocknete chinesische Pilze
100 g TK-Krabben
1 EL Soyasauce
1 Tl Zucker
2 Eier
Salz
2 EL Öl
50 g Möhren
100 g Bambussprossen
50 g Frühlingszwiebeln
100 g Erbsen aus der Dose

1. Die Pilze in lauwarmem Wasser einweichen. Inzwischen einen Sushireis (siehe S. 6) zubereiten. Die weißen Pilze in dünne Streifen schneiden.

2. Die Krabben auftauen. Die Pilze in 125 ml des Einweichwassers zusammen mit der Sojasauce und dem Zucker etwa 10 Minuten köcheln lassen.

3. Die Eier leicht verschlagen, salzen und in einer Pfanne im heißen Öl ein dünnes Omelett backen.

4. Das Omelett abkühlen lassen und in feine Streifen schneiden.

5. Möhren, Bambussprossen und Frühlingszwiebeln in Streifen schneiden. Die Erbsen abtropfen lassen.

6. Das Sushi mit den übrigrn Zutaten vorsichtig mischen. Das Gericht kalt servieren.

Japanischer Eierstich

- Zubereitungszeit: ca. 1 Std.
- Zeit zum Marinieren: ca. 10 Min.
- ca. 80 kcal je Portion

350 ml Gemüsebrühe (aus Instantpulver)
3 1/2 TL japanische Sojasauce
1 EL Saké
75 g Hühnerbrustfleisch ohne Haut
2 mittelgroße Austernpilze
1/4 Karotte
Salz
1 Stück Schale einer unbehandelten Zitrone
2 Eier
4 Blätter Blattspinat

1. Die Geflügelbrühe mit 1/2 Teelöffel Sojasauce und 1/2 Eßlöffel Saké verrühren. Die Mischung in einen Topf geben, erhitzen, aufkochen und erkalten lassen.

2. Das Hühnerfleisch in etwa 2 cm große Würfel schneiden, mit 2 1/2 Teelöffeln Sojasauce und dem restlichen Saké beträufeln und 10 Minuten marinieren. Dabei wenden.

3. Die Pilze in 8 Stücke schneiden. Die Karotte in hauchdünne Scheiben schneiden und diese kurz in kochendem Salzwasser blanchieren. Die Zitronenschale in ganz feine Streifen schneiden. Das Hühnerfleisch und die Pilze in 4 Förmchen füllen.

4. Die Eier mit etwas Salz und der restlichen Sojasauce verrühren. Die Mischung in die Brühe einrühren. Durchsieben und auf die Förmchen verteilen.

5. Karottenscheiben, Zitronenstreifen und Spinat jeweils auf die Förmchen geben. Diese in ein siedendes Wasserbad stellen und in etwa 40 Minuten darin fest werden lassen.

Sellerie mit Sesam

- Zubereitungszeit: ca. 35 Min.
- ca. 100 kcal je Portion

2 EL weißer Sesamsamen
$^1/_2$ Stangensellerie
2 EL Erndußöl
2 EL Saké oder trockener Sherry
1 TL Zucker
2 EL japanische Sojasauce
$^1/_2$ TL Chilisauce

1. Den Sesamsamen in einer beschichteten Pfanne ohne Fettzugabe goldgelb rösten. Aus der Pfanne nehmen, abkühlen lassen und dann auf einem Holzbrett mit einem großen Messer etwas zerdrücken.

2. Den Sellerie schälen und das Grün entfernen. Die Stangen längs halbieren und in etwa 4 cm lange Stücke schneiden.

3. Das Öl in einer großen Pfanne oder in einem Wok erhitzen. Den Sellerie hineingeben und unter ständigem Rühren leicht anbraten. Den Zucker hinzufügen. Weiterrühren, bis der Zucker zu schmelzen beginnt und dann mit Saké oder Sherry ablöschen.

4. Den Sellerie garen, bis der Saké fast verdampft ist. Dann die Sojasauce einrühren. Das Ganze unter Rühren aufkochen lassen, bis die Sauce beginnt, sämig zu werden. Dann mit Chilisauce abschmecken.

5. Das Gemüse in kleinen Schälchen anrichten und mit Sesam bestreuen.

Tip:
Es gibt schwarze, braune und weiße Sesamkörner. Sie werden im Ganzen, gemahlen oder geröstet zum Panieren von fritiertem Fisch, Gemüse und Fleisch verwendet oder über Salate gestreut. All drei Sorten erhalten Sie in Asien- oder Bioläden.

Variationen:
Dieses Gericht eignet sich als Beilage zu Fisch- oder Fleischspeisen und kann auch kalt als Vorspeise serviert werden. Sie können auch andere Gemüsesorten, wie zum Beispiel Karotten, Schwarzwurzeln, Knollensellerie oder Kartoffeln auf diese Art zubereiten. Wenn Sie nicht gerne scharf essen, können Sie die Chilisauce auch weglassen oder nur einige Tropfen zum Würzen verwenden.

Gegrillte Auberginen

- Zubereitungszeit: ca. 3/4 Std.
- ca. 190 kcal je Portion

8 mittelgroße Auberginen
1 EL Erdnußöl, 20 g frische Ingwerwurzel
75 g getrocknete Bontiostreifen, ersatzweise fritierte Zwiebelstreifen
Sojasauce zum Beträufeln
1 EL Sesamsamen

1. Den Backofen auf 220 °C vorheizen. Von den Auberginen jeweils die Stielansätze wegschneiden.

2. Ein Backblech mit Alufolie belegen und diese mit Öl einstreichen. Die Auberginen auf dem Blech verteilen.

3. In den Ofen geben und etwa 1/2 Stunde grillen, bis sich die Haut braun gefärbt hat und die Früchte sich weich anfühlen.

4. Die Auberginen aus dem Ofen nehmen, etwas abkühlen lassen und dann schälen. Die Ingwerwurzel schälen, fein reiben und zu vier Kügelchen formen.

5. Die Auberginen portionsweise mit Bonito- oder Zwiebelstreifen sowie mit Ingwerkügelchen garnieren, mit etwas Sojasauce beträufeln und mit Sesamsamen bestreuen.

Variation:

Die Auberginen grillen und danach längs halbieren. 8 Eßlöffel flüssigen Honig, 8 Eßlöffel Sojasauce, 6 Eßlöffel Sake´, 2 Eigelbe sowie 2 Teelöffel Wasabi zusammen erhitzen und 3 Minuten aufkochen lassen. Die Auberginen zweimal mit der Mischung bestreichen und mit Sesamsamen bestreuen. Zusammen mit der Sauce servieren.

Spinat mit Bonitostreifen

- Zubereitungszeit: ca. 25 Min.
- ca. 90 kcal je Portion

600 g Blattspinat
Salz
3 EL japanische Sojasauce
1 EL Dashi (siehe S. 14)
75 g Bonitostreifen

1. Den Spinat für etwa 20 Sekunden in kochendes Salzwasser geben, abgießen, kalt abschrecken und ausdrücken.

2. Die Sojasauce mit dem Dashi verrühren. Ein Drittel davon mit dem Spinat mischen und diesen nochmals ausdrücken.

3. Den Spinat mit der restlichen Sauce beträufeln und zusammen mit den Bonitostreifen servieren.
(auf dem Foto: oben)

Grüne Bohnen mit Sesamsauce

- Zubereitungszeit: ca. $^1/_4$ Std.
- ca. 80 kcal je Portion

500 g grüne Bohnen
Salz
3 EL japanische Sojasauce
3 EL Dashi (siehe S. 14)
2 EL weiße Sesampaste
$^1/_2$ TL Zucker

1. Die Bohnen etwa 12 Minuten in Salzwasser kochen und dann abtropfen lassen. Jeweils halbieren und mit 1 Eßlöffel Sojasauce sowie 1 Eßlöffel Dashi mischen.

2. Restliche Sojasauce und Dashi mit Sesampaste und Zucker verrühren und die Sauce über die Bohnen geben.
(auf dem Foto: unten)

Kürbis in Mirin

- Zubereitungszeit: ca. 1/2 Std.
- ca. 150 kcal je Portion

1 kg Kürbis
1/2 l Dashi (siehe S. 14)
1 EL Zucker
3 EL Mirin
3 EL japanische Sojasauce
50 g frische Ingwerwurzel

1. Den Kürbis schälen, halbieren und die Kerne entfernen. Das Fruchtfleisch in 1 cm dicke Scheiben schneiden.

2. Die Kürbisscheiben in einen Topf geben und mit Dashi auffüllen. Das Ganze erhitzen und aufkochen lassen.

3. Den Zucker mit dem Mirin vermischen. Zusammen mit der Sojasauce zum Kürbis geben. Gut umrühren und den Kürbis zugedeckt bei mittlerer Hitze in etwa 10 Minuten weich garen.

4. Den Kürbis auf einem Sieb abgießen, dabei den Saft auffangen. Den Saft wieder in den Topf geben, erhitzen und auf die Hälfte einkochen lassen. Die Kürbisscheiben hinzufügen und in der Sauce erwärmen.

5. Die Ingwerwurzel schälen und in sehr feine Scheiben schneiden. Die Scheiben für 3 bis 5 Minuten in kaltes Wasser legen, dann herausnehmen und abtropfen lassen.

6. Das Kürbisgemüse auf Schalen verteilen und auf jede Schale etwas Ingwer geben.

Tip:
Dieses Gericht können Sie warm als Gemüse oder kalt als Beilage zu Grillfleisch servieren.

Variationen:
Bei Kürbissorten mit dünner Haut müssen Sie den Kürbis nicht schälen oder die Schalen nur an einigen Stellen entfernen. Das Gericht sieht dadurch dekorativer aus. Bestreuen Sie das Kürbisgemüse vor dem Servieren mit Kürbiskernen. Anstelle des Kürbis können Sie auch große Zucchini nehmen. Sehr gerne ißt man in Japan auch geschmorten Kürbis. Hierfür etwa 500 g Kürbis ungeschält in Stücke teilen und die Kerne entfernen. In einer Pfanne etwas Salzwasser zum Kochen bringen. Den Kürbis zusammen mit einer kleinen Chilischote hineingeben und beides zugedeckt etwa 1/4 Stunde garen. Den Kürbis auf einem Sieb abtropfen lassen. Dann zusammen mit 2 Eßlöffeln Zucker, 2 Eßlöffeln Sojasauce sowie 100 ml Mineralwasser wieder in die Pfanne geben und nochmals 10 Minuten garen. Mitsamt dem Kochsud in kleinen Schalen servieren, dabei die Chilischote entfernen. Für diese Zubereitungsart eignet sich japanischer Kürbis (Kabocha) am besten, weil dessen Fruchtfleisch sehr weich ist. Wenn Sie nur europäischen Kürbis bekommen können, verwenden Sie am besten eine dünnhäutige Sorte, die Sie vor der Zubereitung sorgfältig waschen.

FLEISCH UND GEFLÜGEL

Genießen Sie einmal Fleisch und Geflügel mit einer besonderen Würznote. Durch Zutaten wie Sojasauce, Miso, Saké und Mirin erhalten diese Gerichte einen besonderen Geschmack.

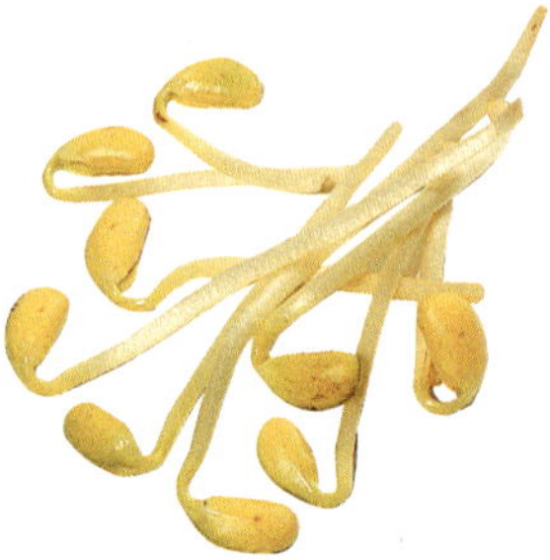

Sukiyaki

- Zubereitungszeit: ca. 3/4 Std.
- Zeit zum Einweichen: ca. 1 Std.
- ca. 890 kcal je Portion

8 getrocknete Shiitakepilze
600 g Rindfleisch (aus der Hüfte)
100 g Sojabohnensprossen
Salz, 200 g Tofu
300 g Bambussprossen (aus der Dose)
2 Stangen Lauch, 2 Karotten
4 Frühlingszwiebeln
200 g Shitatakinudeln
100 g Blattspinat, 50 g Brunnenkresse

Für die Sauce:
1 TL Zucker
125 ml japanische Sojasauce
125 ml Saké oder trockener Sherry
125 ml Fleischbrühe (aus Instantpulver)

Außerdem:
1 kleines Stück Rindernierenfett
(ersatzweise Rindermark)
8 frische, verquirlte Eier
4 Portionen frisch gekochter Reis

1. Die Pilze in kaltes Wasser legen und 1 Stunde darin einweichen. Dann abtropfen lassen. Inzwischen das Fleisch in das Tiefkühlfach geben. Das leicht angefrorene Fleisch mit einem scharfen Messer in sehr dünne, etwa 5 cm lange Rechtecke schneiden. Die Sojabohnensprossen mit kochendem Salzwasser überbrühen. Den Tofu und die Bambussprossen jeweils in Stücke schneiden.

2. Das Weiße vom Lauch in dünne Scheiben schneiden, das Grüne entfernen. Die Karotten und die Zwiebeln schälen. Von den Karotten mit einem Schälmesser Streifen abziehen, die Zwiebeln in Scheiben schneiden. Die Nudeln kurz vorkochen.

3. Für die Sauce den Zucker in einer Pfanne erhitzen und leicht karamelisieren lassen. Sojasauce, Saké oder Sherry hinzufügen, umrühren und die Hälfte der Brühe angießen. Aufkochen lassen und dann in eine Schale füllen.

4. Pilze, Gemüse und Fleisch auf einem Tablett dekorativ anordnen. Einen niedrigen Schmortopf erhitzen, auf einen angezündeten Spiritusrechaud stellen und etwas Rindernierenfett darin auslassen. Jede Person läßt zuerst etwas Fleisch im Topf anbraten, dann folgen nach Belieben Gemüse, Pilze, Nudeln und Tofu. Die Zutaten jeweils mit Stäbchen oder einer flachen Holzkelle wenden.

5. Etwas Sauce angießen und das Ganze kurz schmoren lassen. Eventuell etwas Brühe hinzufügen. Jede Person erhält 2 Schälchen. Eines enthält Reis, das andere 2 verquirlte Eier.

6. Das Fleisch und das Gemüse jeweils aus dem Topf nehmen, durch die Eimasse ziehen und zusammen mit Reis verzehren.

ZEITINTENSIV
DELIKAT

Hähnchen und Gemüse im Tontopf

- Zubereitungszeit: ca. 3/4 Std.
- ca. 430 kcal je Portion

1 küchenfertiges Hähnchen (ca. 1 kg)
1/2 TL Zucker
3 EL Saké
3 EL japanische Sojasauce
200 g Chinakohl
100 g Karotten
8 große Champignons
300 g Tofu
100 g Glasnudeln
2 Stangen Lauch

Für die Sauce:
3 EL Zitronensaft
3 EL japanische Sojasauce

Außerdem:
100 g geraspelter Rettich
etwas Cayennepfeffer
1 Frühlingszwiebel
1 Limette

1. Das Hähnchen waschen, trockentupfen und enthäuten. Das Fleisch jeweils von den Knochen lösen und dann in etwa 4 cm große Stücke schneiden.

2. Gut 1 1/2 Liter Wasser in einem großen Topf mit Zucker, Saké sowie Sojasauce verrühren. Die Mischung erhitzen, aufkochen lassen und das Hähnchenfleisch hineingeben. Die Hitze reduzieren und das Fleisch zugedeckt etwa 1/2 Stunde garen.

3. Den Chinakohl in 5 cm große Vierecke schneiden. Die Karotten schälen und in 1 cm dicke Scheiben schneiden. Die Köpfe der Champignons jeweils mehrmals diagonal einschneiden. Den Tofu in 2 cm große Würfel schneiden und diese auf Küchenkrepp abtropfen lassen.

4. Die Nudeln in kochendes Wasser geben und etwa 5 Minuten darin garen. Auf einem Sieb abtropfen lassen, eventuell mit einer Küchenschere halbieren. Den Lauch schräg in 1 cm dicke Ringe schneiden. Alle Gemüsesorten und die Nudeln auf einer Platte anrichten.

5. Für die Sauce Zitronensaft, Sojasauce sowie 3 Eßlöffel Wasser verrühren. Die Sauce auf 4 Schälchen verteilen. Den Rettich in ein Schälchen geben und mit Cayennepfeffer bestäuben. Die Frühlingszwiebel in feine Ringe schneiden und diese ebenfalls in ein Schälchen geben. Die Limette vierteln und in ein Schälchen geben.

6. Das Hähnchenfleisch mitsamt der Kochflüssigkeit in einen Tontopf geben und diesen auf einem Spiritusrechaud auf einen Tisch stellen. Den Rechaud anzünden und die Brühe zum Kochen bringen. Die verschiedenen Gemüsesorten und den Tofu portionsweise in der Brühe garen.

7. Die Portionen jeweils mit Stäbchen herausnehmen und nach Belieben mit Sauce und Zitronensaft würzen. Zusammen mit Hähnchenfleisch, Rettich und Frühlingszwiebelscheiben verzehren.

8. Wenn alles Gemüse und Fleisch gegessen ist, die Nudeln in die Brühe geben. Nochmals mit etwas Sojasauce würzen, kurz aufkochen lassen und als Suppe servieren.

Tip:
Zum Hinein- und Herausgeben der einzelnen Portionen können Sie Netzlöffel verwenden.

Variation:
Nach Belieben können Sie zum Schluß zusätzlich 2 bis 3 verquirlte Eier in die Suppe rühren und diese dann sofort servieren. Die Suppe darf nicht mehr kochen, sobald die Eier eingerührt sind.

Marinierte Fleischspieße

- Zubereitungszeit: ca. 1/2 Std.
- Zeit zum Marinieren: ca. 1/2 Std.
- ca. 300 kcal je Portion

500 g Schweinefilet
4 EL Pflaumenmus
2 TL feingeriebener Ingwer
1 TL japanisches Gewürzpulver
4 EL japanische Sojasauce

Außerdem:
1 grüne Papaya (ca. 40 g)
2 kleine Rettich
1 kleine Salatgurke
8 EL Limonensaft
1 EL japanische Sojasauce
Salz
schwarzer Pfeffer aus der Mühle
2 EL Erdnußöl

1. Das Schweinefilet in dünne Scheibchen schneiden und diese auf 4 Holzspieße stecken. Pflaumenmus, Ingwer, Gewürzpulver und Sojasauce verrühren. Die Spieße in ein flaches Gefäß legen, mit der Mischung übergießen und etwa 1/2 Stunde darin marinieren.

2. Inzwischen die Papaya in feine Streifen schneiden. Den Rettich und die Gurke jeweils in feine Scheiben schneiden und diese zusammen mit den Papayastreifen auf einem Teller anrichten.

3. Den Limonensaft und die Sojasauce verrühren und die Sauce in ein Schälchen geben. Die Fleischspieße salzen und pfeffern. Das Öl in einer Pfanne erhitzen und die Fleischspieße darin unter Wenden in 3 bis 4 Minuten knusprig braun braten.

4. Die Spieße zusammen mit Papayasalat, Rettich- und Gurkenscheiben sowie der Sauce servieren.

Spießchen mit Paprikaschoten

- Zubereitungszeit: ca. 40 Min.
- ca. 240 kcal je Portion

Für die Marinade:
100 ml Apfelsaft
100 ml japanische Sojasauce
3 EL brauner Zucker
4 EL Geflügelbrühe (aus Instantpulver)
1 kleines Stück Chilischote

Außerdem:
je 1 grüne und rote Paprikaschote
Salz, 2 Stangen Lauch
500 g ausgelöstes Geflügelfleisch
4 große Champignons
Öl zum Bestreichen

1. Apfelsaft, Sojasauce, Zucker und Brühe in einem Topf verrühren, erhitzen und aufkochen lassen. Die Marinade bis auf 4 Eßlöffel Flüssigkeit einkochen lassen. Die Chilischote entkernen, kleinhacken und dazugeben.

2. Paprikaschoten halbieren, entkernen, die Hälften jeweils 1 bis 2 Minuten in kochendes Salzwasser geben und dann abtropfen lassen. Die Schoten in kleine Vierecke schneiden.

3. Das Grün vom Lauch wegschneiden. Das Weiße in 3 cm lange Stücke schneiden und diese ebenfalls in kochendem Salzwasser blanchieren. Dann abtropfen lassen. Das Geflügelfleisch in 3 cm große Würfel schneiden.

4. Acht Holzspieße in kaltes Wasser legen, damit sie auf dem Grill nicht verbrennen. Die Champignons halbieren. Fleisch, Gemüse und Pilze abwechselnd auf die Spieße stecken. Die Spieße zuerst mit Öl, dann mit Marinade bestreichen. und 6 bis 8 Minuten grillen. Dabei immer wieder mit Marinade bestreichen.

Rindfleisch mit Kartoffeln

- Zubereitungszeit: ca. 40 Min.
- ca. 320 kcal je Portion

500 g Kartoffeln
1 große Zwiebel
4 EL Mirin
3 EL Saké
4 EL japanische Sojasauce
400 g dünn geschnittenes Rindfleisch (aus der Hüfte)
$^1/_2$ l Dashi (siehe S. 14)

1. Die Kartoffeln und die Zwiebeln jeweils schälen. Kartoffeln in Viertel, Zwiebel in Scheiben schneiden.

2. Mirin, Saké und Sojasauce in einem Topf verrühren, erhitzen, zum Kochen bringen und das Fleisch dazugeben. So lange kochen lassen, bis das Fleisch eine braune Färbung annimmt. Dann herausnehmen.

3. Dashi zum Kochen bringen und Kartoffeln und Zwiebeln darin weich kochen. Das Gemüse herausnehmen und die Brühe stark einkochen. Das Fleisch und das Gemüse darin kurz erwärmen.

Schweinefleisch mit Ingwer

- Zubereitungszeit: ca. 20 Min.
- ca. 350 kcal je Portion

3 EL Saké
4 EL japanische Sojasauce
$1^1/_2$ TL Mirin
1 TL frisch geriebener Ingwer
600 g dünn geschnittenes Schweinefleisch
150 g Sojabohnensprossen
4 Karotten
1 kleine, grüne Paprikaschote
2 EL Erdnußöl

1. Saké, Sojasoße, Mirin sowie Ingwer vermischen und das Fleisch damit beträufeln. Die Sojasprossen mit kochend heißem Wasser überbrühen. Die Karotten in feine Streifen schneiden, die Paprikaschote würfeln.

2. Das Öl in einer Pfanne erhitzen und das Fleisch darin anbraten. Dann herausnehmen.

3. Die Marinade in die Pfanne geben und etwas einkochen lassen. Das Gemüse darin bißfest garen. Das Fleisch hinzufügen und alles servieren.

Rinderröllchen mit Gemüse

- Zubereitungszeit: ca. 50 Min.
- ca. 450 kcal je Portion

2 große Karotten, in dünnen Stiften
36 grüne Bohnen
Salz
12 dünne Rinderschnitzel
1 EL Mehl
1 EL Erdnußöl
150 ml Terriyakisauce (siehe S. 44)

1. Die Karottenstifte zusammen mit den Bohnen in kochendem Salzwasser etwa 2 Minuten blanchieren, dann beides abtropfen lassen. Die Schnitzel klopfen, mit Mehl bestäuben und jeweils mit Karotten und Bohnen belegen.

2. Die Schnitzel einrollen und jeweils mit Küchengarn zusammenbinden. Das Öl erhitzen und die Röllchen darin von allen Seiten anbraten. Dann herausnehmen.

3. Die Terriyakisauce in die Pfanne gießen, etwas einkochen lassen und dann die Rinderröllchen darin wenden. Vor dem Servieren leicht schräg in Stücke schneiden.

Hähnchen mit Gemüse

- Zubereitungszeit: ca. 40 Min.
- Zeit zum Einweichen: ca. 1 Std.
- ca. 240 kcal je Portion

4 getrocknete Shiitakepilze
1 EL japanische Sojasauce, 3 EL Mirin
400 g gewürfeltes Hühnerbrustfleisch
3 EL Erdnußöl, 2 Karotten
250 g Zuckerschoten, Salz
100 g Lotuswurzel (aus der Dose)
100 g Bambussprossen (aus der Dose)

1. Die Pilze für 1 Stunde in Wasser einweichen. Dann abtropfen lassen. Sojasauce und Mirin verrühren und das Fleisch darin 10 Minuten marinieren. Herausnehmen, abtropfen lassen und in 2 Eßlöffeln Öl anbraten. Beiseite stellen.

2. Karotten und Zuckerschoten jeweils in Stücke schneiden und in kochendem Salzwasser blanchieren. Lotuswurzeln kleinschneiden. Die Bambussprossen abtropfen lassen.

3. Das restliche Öl erhitzen und das Gemüse darin anbraten. Die Marinade sowie die Pilze hinzufügen und das Ganze bei mittlerer Hitze $^1/_4$ Stunde garen. Das Fleisch dazugeben, kurz erwärmen und alles servieren.

Rindfleisch mit Zwiebelsauce

- Zubereitungszeit: ca. 1 1/2 Std.
- ca. 480 kcal je Portion

600 g Rindfleisch (aus der Hüfte)
2 EL Speisestärke
2 EL Erdnußöl
2 Zwiebeln, in Streifen geschnitten
Salz, Pfeffer
1 TL Ingwerpulver
400 ml Fleischbrühe (aus Instantpulver)
4 EL japanische Sojasauce
4 EL Saké
1 EL Zucker
1 EL Reisessig

1. Das Fleisch in Würfel schneiden und diese in der Speisestärke wenden. Das Öl in einer Pfanne erhitzen und das Fleisch darin portionsweise anbraten. Dann herausnehmen.

2. Dann die Zwiebeln in der Pfanne anbraten. Mit Salz, Pfeffer und Ingwerpulver bestreuen und zusammen mit dem Fleisch in einen Schmortopf geben.

3. Den Bratenfond in der Pfanne mit der Brühe loskochen. Sojasauce, Saké, Zucker sowie Essig einrühren und das Ganze aufkochen lassen.

4. Die Sauce in den Schmortopf geben. Diesen verschließen und das Fleisch bei milder Hitze etwa 1 Stunde schmoren lassen. Dabei ab und zu umrühren.
(auf dem Foto oben)

Tip:
Dazu passen feingeschnittene, blanchierte Chinakohlblätter und Shiratakinudeln.

Rindfleisch mit Honig-Ingwer-Sauce

- Zubereitungszeit: ca. 1/2 Std.
- ca. 340 kcal je Portion

600 g Rinderfilet
1 EL japanische Sojasauce
einige Tropfen Sesamöl
2 EL Maisstärke

Für die Sauce:
2 EL japanische Sojasauce
2 EL Reisessig, 4 EL Saké
2 EL Fleischbrühe
2 EL flüssiger Honig
20 g frische Ingwerwurzel
1 TL Speisestärke
Salz, Pfeffer

Außerdem:
2 1/2 EL Erdnußöl
1 EL Sesamsamen

1. Das Fleisch in dünne Scheiben schneiden. Die Sojasauce mit dem Sesamöl und der Maisstärke verrühren und das Fleisch darin wenden.

2. Für die Sauce Sojasauce, Essig, Saké, Fleischbrühe und Honig in einem Topf verrühren und erhitzen. Die Ingwerwurzel schälen und in feine Streifen schneiden. In die Sauce geben und darin 6 bis 8 Minuten kochen.

3. Die Speisestärke mit 1 Eßlöffel Wasser glattrühren und die Sauce damit binden. Die Sauce mit Salz und Pfeffer abschmecken und warm halten.

4. Das Öl erhitzen und das Fleisch darin portionsweise von allen Seiten anbraten. Abtropfen lassen, mit der Sauce vermischen und auf vorgewärmten Tellern anrichten. Jede Portion mit Sesamsamen bestreuen.
(auf dem Foto unten)

BRAUCHT ZEIT · **AROMATISCH**

SCHNELL · **SÜSS-SAUER**

Teppan Yaki

- Zubereitungszeit: ca. 50 Min.
- Zeit zum Einlegen: ca. 2 Std.
- ca. 430 kcal je Portion

8 Venusmuscheln
300 g Rinderfilet, Salz
schwarzer Pfeffer aus der Mühle
8 große Garnelen
4 kleine Auberginen
200 g Zucchini
4 rote Paprikaschoten
1 frischer Maiskolben
4 Lotusscheiben (aus der Dose)
3 EL Schnittlauchröllchen

Für die Pflaumensauce:
4 Salzpflaumen (oder in Salzwasser eingelegte Dörrpflaumen)
125 ml Dashi (siehe S. 14)
1 TL Mirin
2 TL japanische Sojasauce
$^1/_2$ TL Sesamöl

Für die Bohnensauce:
$^1/_2$ TL scharfe Bohnenpaste
4 TL Reisessig
1 EL Dashi
1 TL Zucker
2 TL japanische Sojasauce
$^1/_2$ TL Sesamöl

Für die Ingwer-Soja-Sauce:
2 EL japanische Sojasauce
1 EL trockener Rotwein
1 TL flüssiger Honig
$^1/_2$ TL Austernsauce
1 EL frisch geriebener Ingwer
1 durchgepreßte Knoblauchzehe

Außerdem:
evtl. etwas Erdnußöl

1. Die Muscheln für 2 Stunden in kaltes, leicht gesalzenes Wasser einlegen. Das Fleisch in dünne Scheiben schneiden und diese salzen und pfeffern. Von den Garnelen jeweils den Kopf und den Darm entfernen.

2. Die Auberginen längs halbieren und das Fruchtfleisch fächerförmig einschneiden. Die Zucchini in Scheiben schneiden.

3. Die Paprikaschoten halbieren, entkernen und in 3 cm breite Streifen schneiden. Den Maiskolben in leicht gesalzenem Wasser 5 Minuten kochen, dann in 1 cm breite Scheiben schneiden. Die Lotusscheiben in 1 cm breite Scheiben schneiden.

4. Fleisch, Meeresfrüchte und Gemüse auf einer Platte dekorativ anrichten. Den Schnittlauch in die Mitte plazieren. Für die Pflaumensauce die Pflaumen entsteinen, kleinschneiden und mit den übrigen Zutaten fein mixen.

5. Die Zutaten für die Bohnensauce vermischen. Die Zutaten für die Ingwer-Soja-Sauce ebenfalls vermischen. Die Saucen jeweils in ein Schälchen füllen.

6. Fleisch, Meeresfrüchte und Gemüse auf einem Tischgrill jeweils beidseitig rösten. Eventuell etwas Erdnußöl dazu verwenden. Die Saucen jeweils als Dip zum Gegrillten reichen. Jede Portion nach Belieben mit Schnittlauchröllchen bestreuen.

Tip:
Wenn Sie keine Zeit haben, um alle Saucen zuzubereiten, können Sie auch einfach etwas Sojasauce mit Tomatenketchup und scharfer Chilisauce vermischen und die Mischung als Sauce servieren.

Rindfleischfondue

- Zubereitungszeit: ca. 50 Min.
- ca. 680 kcal je Portion

100 g Shiratakinudeln
300 g Tofu
2 große Karotten
8 große Champignons
150 g Chinakohl
100 g Rettich
2 Frühlingszwiebeln
3 EL Zitronensaft
3 EL japanische Sojasauce, 3 EL Saké
1 durchgepreßte Knoblauchzehe
400 g Rindfleisch (aus der Hüfte)
1 l Hühnerbrühe (aus Instantpulver)

1. Die Nudeln in kochendem Wasser etwa 1 Minute vorgaren. Den Tofu würfeln. Die Karotten in dünne Scheiben schneiden. Die Champignons von den Stielenden befreien. Den Chinakohl in große Stücke schneiden.

2. Den Rettich reiben, die Frühlingszwiebeln in feine Röllchen schneiden. Zitronensaft, Sojasauce, Saké und Knoblauch in einem Schüsselchen vermischen.

3. Das Fleisch in dünne Scheiben schneiden und diese auf einer Platte anrichten. Glasnudeln, Tofuwürfel, Karotten, Pilze und Chinakohl auf einen großen Teller geben, Frühlingszwiebeln und Rettich jeweils in Schälchen füllen.

4. Die Brühe in einem Fonduetopf zum Kochen bringen. Das Ganze auf einen angezündeten Spiritusrechaud auf einen Tisch stellen. Jeder Gast kocht mit Hilfe einer Fonduegabel jeweils Gemüse und Fleisch in der Brühe und wendet das Gegarte jeweils in der Sauce. Frühlingszwiebeln und Rettich werden als Beilagen gereicht.

(auf dem Foto oben)

Schweinekoteletts mit Pilzsauce

- Zubereitungszeit: ca. 35 Min.
- ca. 670 kcal je Portion

1 Stange Lauch
4 Radieschen
6 Austernpilze
8 frische Maiskölbchen

Für die Sauce:
2 EL Sesampaste
Salz, Pfeffer
1/2 TL Zucker
1/2 EL Reisessig
1 1/2 EL japanische Sojasauce
5 EL Dashi (siehe S. 14)

Außerdem:
4 Schweinekoteletts (à ca. 200 g)
3 EL Erdnußöl, 1 TL Zucker
4 EL Schnittlauchröllchen zum Garnieren

1. Den Lauch, die Radieschen und die Pilze jeweils in Scheiben schneiden. Die Maiskölbchen mit kochend heißem Wasser überbrühen.

2. Die Zutaten für die Sauce in einer Schüssel vermischen. Die Radieschenscheiben zur Sauce geben. Die Koteletts salzen und pfeffern und in 1 Eßlöffel Öl je Seite etwa 4 Minuten braten. Anschließend herausnehmen und warm stellen.

3. Nun 1 Eßlöffel Öl erhitzen und den Lauch zusammen mit etwas Salz und den Pilzen unter ständigem Rühren 2 bis 3 Minuten braten. Herausnehmen und warm halten.

4. Restliches Öl erhitzen und die Maiskölbchen zusammen mit Zucker darin goldgelb glasieren. Die Schweinekoteletts zusammen mit dem Gemüse anrichten und mit Schnittlauch garnieren. Die Sauce extra dazu reichen.

(auf dem Foto unten)

BRAUCHT ZEIT · FEIN-WÜRZIG

Geschmortes Schweinefleisch

- Zubereitungszeit: ca. $1\,^1/_2$ Std.
- ca. 490 kcal je Portion

800 g Schweinefleisch
(von Hals oder Brust)
2 EL Erdnußöl
10 g frische Ingwerwurzel
2 Karotten
8 Frühlingszwiebeln
250 g Zuckerschoten
Salz
600 ml Dashi (siehe S. 14)
125 ml Saké
3 EL japanische Sojasauce
1 TL Zucker
50 g japanischer Senf (Karashi)
oder 3 EL englisches Senfpulver

1. Das Fleisch in 3 cm große Würfel schneiden. Das Öl in einer Pfanne erhitzen und die Fleischwürfel darin unter ständigem Wenden goldbraun braten.

2. Das Fleisch auf ein Sieb geben und mit kochend heißem Wasser überbrühen. Dann in einen Topf geben und so viel Wasser angießen, bis das Fleisch bedeckt ist.

3. Den Ingwer schälen, in dünne Scheiben schneiden und die Hälfte davon zum Fleisch geben. Das Ganze erhitzen und das Fleisch bei milder Hitze zugedeckt etwa 50 Minuten schmoren.

4. Die Karotten in feine Scheiben schneiden. Von den Frühlingszwiebeln das Grün entfernen. Das Weiße zusammen mit den Zuckerschoten und den Karotten in leicht gesalzenem Wasser bißfest garen.

5. Das Fleisch abgießen. Dann zusammen mit dem Dashi und dem restlichen Ingwer nochmals aufkochen. Frühlingszwiebeln, Zuckerschoten, Saké, Sojasauce sowie Zucker hinzufügen und alles kurz erwärmen.

6. Das Ganze auf Tellern anrichten und zusammen mit japanischem Senf servieren. Bei Verwendung von Senfpulver dieses zuvor mit Wasser verrühren.

Tip:
Achten Sie darauf, daß das Schweinefleisch möglichst mager ist. Je nach Saison können Sie auch andere Gemüsesorten, wie zum Beispiel Brokkoli, Fenchel, grüne Erbsen oder Bohnen für dieses Gericht verwenden.

Variation:
Anstelle der Frühlingszwiebeln können Sie auch das Weiße von zartem Lauch nehmen.

Roastbeef mit Sojasauce

- Zubereitungszeit: ca. 1/2 Std.
- ca. 450 kcal je Portion

2 EL Erdnußöl
800 g Roastbeef
6 EL japanische Sojasauce
schwarzer Pfeffer aus der Mühle
2 EL Butter

1. Das Öl in einer Pfanne erhitzen und das Fleisch darin von beiden Seiten kräftig anbraten. Dabei laufend mit Sojasauce beträufeln und mit Pfeffer würzen. Dann das Fleisch herausnehmen und in Alufolie gewickelt warm halten.

2. Den Bratenfond mit etwas Wasser ablöschen und bei starker Hitze einkochen lassen. Die Butter darunterschlagen.

3. Das Fleisch in Scheiben schneiden und zusammen mit der Sauce servieren.

Tip:
Als Beilage können Sie gedünstete Zuckerschoten und grüne Bohnen servieren.

Variation:
Braten Sie das Fleisch ohne Sojasauce und bereiten Sie eine Terriyakisauce zu. Hierfür 2 Eßlöffel Saké zusammen mit 2 Eßlöffeln Mirin, 4 Eßlöffeln Sojasauce sowie 2 Teelöffeln Zucker erhitzen und das Ganze einkochen lassen, bis es eine sirupartige Konsistenz hat. Das Fleisch nach dem Braten rasch in der Sauce wenden.

Putenroulade mit Gemüse

- Zubereitungszeit: ca. 1 Std.
- ca. 410 kcal je Portion

1 Putenroulade (ca. 800 g)
Salz
schwarzer Pfeffer aus der Mühle
4 EL japanische Sojasauce
3 EL Erdnußöl
1 große Karotte
1 rote Paprikaschote
1 Bd. Radieschen
2 Zwiebeln
3 kleine Kartoffeln
100 g Zuckerschoten
Saft von 1 Limette
1 Bd. glatte Petersilie

1. Den Backofen auf 180 °C vorheizen. Das Fleisch salzen, pfeffern und mit etwas Sojasauce bestreichen.

2. Etwa $1\,^1/_2$ Eßlöffel Öl in einen Bräter geben. Das Fleisch hineinlegen, das Ganze in den Ofen schieben und das Fleisch etwa 3/4 Stunden braten.

3. Alle Gemüsesorten in feine Scheiben oder Würfel schneiden. Das restliche Öl in einer Pfanne erhitzen und das Gemüse darin andünsten. Den Limettensaft mit der restlichen Sojasauce verrühren, zum Gemüse geben und dieses zugedeckt bei mittlerer Hitze weich garen.

4. Die Roulade im abgeschalteten Ofen kurz ruhen lassen. Dann in Scheiben schneiden und zusammen mit dem Gemüse servieren. Mit Petersilienblättern garnieren.

Fritiertes Hähnchenfleisch

- Zubereitungszeit: ca. $^1/_2$ Std.
- Zeit zum Marinieren: ca. 20 Min.
- ca. 310 kcal je Portion

500 g ausgelöstes Hähnchenfleisch

Für die Marinade:
2 EL japanische Sojasauce
2 EL Saké oder trockener Sherry
1 TL frisch geriebener Ingwer

Außerdem:
1 kleine, rote Paprikasschote
1 kleine, grüne Paprikaschote
2 EL Speisestärke, Erdnußöl zum Fritieren

Für den Teig:
2 Eiweiß, 3 EL Speisestärke, Salz

1. Das Fleisch in etwa 3 cm große Würfel schneiden. Die Zutaten für die Marinade vermischen und das Fleisch darin 20 Minuten ziehen lassen.

2. Die Paprikaschoten halbieren, entkernen und mit einem Sternförmchen Sterne aus dem Fruchtfleisch stechen.

3. Für den Teig die Eiweiße halbsteif schlagen. Die Speisestärke und etwas Salz mit einem Schneebesen unterziehen.

4. Das Fleisch abtropfen lassen, trockentupfen und die Würfel jeweils in Speisestärke wenden. Reichlich Öl in einem großen Topf auf 160 °C erhitzen. Die Paprikasterne darin etwa $^1/_2$ Minute fritieren und dann auf Küchenkrepp abtropfen lassen.

5. Fleischwürfel durch den Teig ziehen und im Öl portionsweise 4 Minuten ausbacken. Auf Küchenkrepp abtropfen lassen und zusammen mit den Paprikasternen anrichten.
(auf dem Foto: oben)

Putenröllchen mit Spargel

- Zubereitungszeit: ca. 50 Min.
- Zeit zum Marinieren: ca. 10 Min.
- ca. 310 kcal je Portion

8 dünne Putenschnitzel

Für die Marinade:
125 ml Saké oder trockener Sherry
2 EL japanische Sojasauce
Salz
$^1/_2$ TL Zucker
2 EL Mirin

Außerdem:
8 grüne Spargelstangen
3 EL Erdnußöl
1 EL japanischer Senf

1. Die Schnitzel flach auslegen und jeweils sehr dünn klopfen. Die Zutaten für die Marinade vermischen und die Schnitzel darin 10 Minuten ziehen lassen.

2. Den Spargel etwa 12 Minuten in Salzwasser vorkochen. Das Fleisch aus der Marinade nehmen und diese für den späteren Gebrauch beiseite stellen.

3. Den Spargel auf die Länge der Schnitzel zuschneiden, jeweils auf das Fleisch legen. Jedes Schnitzel einrollen und mit Küchengarn zusammenbinden.

4. Das Öl erhitzen und die Röllchen darin von allen Seiten braun braten. Die Marinade dazugeben und alles zugedeckt bei milder Hitze etwa 6 Minuten schmoren lassen.

5. Das Fleisch herausnehmen, warm stellen und die Sauce einkochen, bis sie sämig ist. Die Röllchen nochmals kurz in die Sauce geben. Dann in etwa 3 cm lange Stücke schneiden und zusammen mit Senf servieren.
(auf dem Foto: unten)

FISCH UND MEERES-FRÜCHTE

Fisch ist neben Reis ein Hauptnahrungsmittel in Japan. Wichtig ist, daß Sie beim Einkauf auf Frische und gute Qualität achten.

Eingelegte Makrelen

- Zubereitungszeit: ca. 1/2 Std.
- Zeit zum Marinieren: über Nacht
- ca. 450 kcal je Portion

4 küchenfertige Makrelen
(à ca. 300 g)
1 mittelgroße Zwiebel
1 Karotte
1 grüne Paprikaschote
1 gelbe Paprikaschote
1 kleine Chilischote
Salz
schwarzer Pfeffer aus der Mühle
2 EL Mehl
Erdnußöl zum Braten

Für die Marinade:
1 TL Zucker
4 EL japanische Sojasauce
1 EL Reisessig

Außerdem:
evtl. Zitronenviertel

1. Die Fische jeweils waschen, trockentupfen und mit einem scharfen Messer seitlich mehrmals einschneiden. Die Zwiebel schälen und in feine Ringe schneiden. Die Karotte in Scheiben oder Rosetten, die Paprikaschoten in schmale Streifen schneiden. Die Chilischote entkernen und sehr fein würfeln.

2. Die Makrelen innen salzen und pfeffern und dann in Mehl wenden. Öl in einer großen Pfanne erhitzen und die Fische darin von beiden Seiten goldbraun braten. Herausnehmen und auf Küchenkrepp abtropfen lassen.

3. Die Fische in eine ausreichend große Porzellan- oder Emailleschüssel legen. Das Gemüse darüber verteilen. Die Zutaten für die Marinade vermischen und diese gleichmäßig über die Fische träufeln.

4. Die Schüssel mit einem Küchentuch oder mit Alufolie bedecken, in den Kühlschrank geben und die Fische mindestens 12 Stunden in der Marinade ziehen lassen. Dabei von Zeit zu Zeit wenden.

5. Die Makrelen etwa $^1/_2$ Stunde vor dem Servieren aus dem Kühlschrank nehmen. Mitsamt der Marinade anrichten und nach Belieben mit Zitronenvierteln garnieren.

Tip:
Die eingelegten Makrelen sind im Kühlschrank 3 bis 4 Tage haltbar.

Variationen:
Sie können auch Fischfilets auf diese Art marinieren. Renken, Forellen und Saiblinge eignen sich ebenfalls für diese Zubereitungsart. Als Beilage passen in Essig eingelegte, dünne Ingwerscheiben.

ZEITINTENSIV · **PIKANT**

Fischtopf

- Zubereitungszeit: ca. 1 1/2 Std.
- Zeit zum Ruhen: ca. 1 Std.
- ca. 410 kcal je Portion

Für die Sauce:
7 EL japanische Sojasauce
1 TL Zucker
2 EL Mirin
5 EL Reisessig
1 Stück Konbu (ca. 2 cm)
1 EL Bonitoflocken

8 Jakobsmuscheln ohne Schale
500 g Fischfilets
(z.B. Seeteufel, Kabeljau oder andere Sorten mit festem Fleisch)
2 kleine Langustenschwänze
8 Shiitakepilze
200 g Shiratakinudeln
2 Karotten
8 Blätter Chinakohl oder
200 g junge Spinatblätter
6 Frühlingszwiebeln
Salz

Für den Sud:
1 l Dashi (siehe S. 14)
2 EL japanische Sojasauce
2 EL Mirin
3 EL Saké oder trockener Sherry

1. Alle Zutaten für die Sauce in einer Schüssel vermischen. Die Sauce für 1 Stunde im Kühlschrank ruhen lassen und dann durch ein feines Sieb passieren.

2. Die Jakobsmuscheln unter fließendem Wasser waschen und dann putzen. Die Fischfilets ebenfalls waschen und dann in 3 cm große Würfel schneiden. Die Langustenschwänze kurz abspülen.

3. Von den Shiitakepilzen den Stiel entfernen. Die Nudeln 2 Minuten in kochendes Wasser geben. Dann abtropfen lassen und mit einer Küchenschere in etwa 10 cm lange Stücke schneiden.

4. Die Karotten in 5 mm dicke Scheiben, die Kohlblätter in Vierecke und das Weiße der Frühlingszwiebeln schräg in 1 cm dicke Scheiben schneiden.

5. Die Zutaten für den Sud in einem Topf verrühren und aufkochen lassen. Den Sud beiseite stellen. Die Karotten und die Frühlingszwiebeln in etwas Salzwasser bißfest garen.

6. Hälfte der Fischfilets, Muscheln, Kohl, Pilze, Nudeln, Karotten und Frühlingszwiebeln in einen Topf geben. Mit einem Teil des Suds auffüllen. Das Ganze erhitzen, kurz aufkochen lassen und dann vom Herd nehmen. Zugedeckt 5 Minuten ziehen lassen.

7. Den Topf auf einen angezündeten Spiritusrechaud setzen. Die Zutaten werden von jedem Tischgast mit Netzlöffeln aus der Brühe genommen und anschließend jeweils in die Sauce getunkt. Die restlichen Zutaten hinzufügen, alles kurz aufkochen und nachservieren.

Tip:
Garnieren Sie jeden Teller mit etwas Koriandergrün.

Marinierte Fischspieße

- Zubereitungszeit: ca. 1/2 Std.
- ca. 420 kcal je Portion

je 1/2 rote, grüne und gelbe Paprikaschote
4 Frühlingszwiebeln
Salz
600 g Fischfilets
2 EL Erdnußöl

Für die Marinade:
4 EL flüssiger Honig
6 EL japanische Sojasauce
1/4 TL Chilipaste
2 durchgepreßte Knoblauchzehen
4 EL Erdnußöl, 1 TL Sesamöl

1. Die Paprikaschoten und die Frühlingszwiebeln in Stücke schneiden. Beides in kochendem Salzwasser blanchieren. Die Fischfilets in Stücke schneiden und abwechselnd mit dem Gemüse auf Spieße stecken.

2. Die Zutaten für die Marinade vermischen und die Spieße damit bestreichen.

3. Das Öl in einer Pfanne erhitzen und die Spieße darin je Seite etwa 3 Minuten braten.

Heilbutt mit Ingwer-Soja-Sauce

- Zubereitungszeit: ca. 1/2 Std.
- ca. 410 kcal je Portion

600 g Heilbuttfilets
2 EL japanische Sojasauce
1 Stange Lauch
1 große Karotte
1 rote Paprikaschote
1/2 Aubergine
12 Maiskölbchen
2 EL Erdnußöl
200 ml Ingwer-Soja-Sauce (siehe S. 7)

1. Den Fisch in 16 Stücke schneiden und diese jeweils mit Sojasauce bestreichen. Das Gemüse in feine Streifen schneiden. Die Maiskölbchen halbieren.

2. Das Öl erhitzen und die Fischstücke darin goldbraun braten. Das Gemüse hinzufügen und mitdünsten.

3. Die Fischstücke zusammen mit Gemüse auf Tellern anrichten und mit Sauce beträufeln. Die restliche Sauce extra dazu reichen.

Seehecht mit Gemüsesauce

- Zubereitungszeit: ca. 1/2 Std.
- ca. 340 kcal je Portion

600 g Seehechtfilets
2 EL japanische Sojasauce
japanischer Pfeffer
etwas Mehl
2 EL Erdnußöl
200 g feine Gemüsestreifen (z.B. Paprikaschoten, Lauch, Zuckerschoten)
300 ml Gemüsesauce (siehe S. 7)

1. Die Fischfilets in Scheiben schneiden. Diese mit Sojasauce bestreichen und mit Pfeffer würzen.

2. Die Fischscheiben kurz abtropfen lassen und dann in etwas Mehl wenden. Das Öl in einer Pfanne erhitzen und den Fisch darin braten. Dann herausnehmen und warm stellen.

3. Gemüsestreifen in die Pfanne geben und bei mittlerer Hitze bißfest garen. Fisch jeweils zusammen mit Gemüse auf Tellern anrichten. Jede Portion mit Gemüsesauce begießen.

Riesengarnelen mit Gemüse

- Zubereitungszeit: ca. 25 Min.
- ca. 160 kcal je Portion

3 ausgelöste Riesengarnelenschwänze
4 EL japanische Sojasauce
schwarzer Pfeffer aus der Mühle
2 Stangen Lauch
je 1/2 rote und gelbe Paprikaschote
250 g Zuckerschoten, 1 Karotte
1 1/2 EL Erdnußöl, Salz, 300 ml Geflügelbrühe (aus Instantpulver)
1 durchgepreßte Knoblauchzehe
1 EL frisch geriebener Ingwer
2 TL Maisstärke

1. Die Garnelenschwänze halbieren, den Darm entfernen, die Hälften mit Sojasauce bestreichen und mit Pfeffer würzen. Alle Gemüsesorten in feine Streifen schneiden.

2. Das Öl erhitzen, die Garnelen darin gar dünsten und herausnehmen. Das Gemüse andünsten, salzen und bißfest garen. Ebenfalls herausnehmen.

3. Die Geflügelbrühe in der Pfanne aufkochen lassen. Restliche Zutaten einrühren und alles in der Sauce erwärmen.

Pfeffergarnelen

- Zubereitungszeit: ca. $1/2$ Std.
- Zeit zum Marinieren: ca. 10 Min.
- ca. 390 kcal je Portion

20 ausgelöste Garnelen
24 Shiitakepilze
2 EL flüssiger Honig
3 EL japanische Sojasauce
1 EL Zitronensaft
4 EL Erdnußöl
2 TL grob gehackter, schwarzer Pfeffer
2 Karotten
1 Stange Lauch
8 Blätter Chinakohl
16 kleine Frühlingszwiebeln
1 kleine Chilischote

1. Den Backofen auf 250 °C vorheizen. Die Garnelen und die Pilze abwechselnd auf Spieße stecken. Honig, Sojasauce, Zitronensaft, 2 Eßlöffel Erdnußöl und Pfeffer gründlich verrühren. Die Spieße in die Mischung legen und 10 Minuten darin marinieren lassen.

2. Karotten, Lauch und Kohlblätter jeweils in Streifen schneiden. Von den Frühlingszwiebeln jeweils das obere Grün wegschneiden. Die Chilischote fein würfeln.

3. Einen kleinen Gitterrost mit Alufolie bespannen. Die Spieße darauflegen, nochmals gut mit Marinade bestreichen und im Ofen etwa 4 Minuten garen. Dabei einmal wenden. Die Spieße mit Chiliwürfeln bestreuen.

4. Das restliche Öl in einer Pfanne erhitzen und das Gemüse darin in 3 bis 4 Minuten bißfest dünsten. Mit der restlichen Marinade beträufeln. Das Gemüse jeweils auf Tellern anrichten und jeweils einen Spieß darauflegen.

Muscheln mit Misosauce

- Zubereitungszeit: ca. 1/2 Std.
- Zeit zum Wässern: ca. 1 Std.
- ca. 70 kcal je Portion

500 g Miesmuscheln
Salz
4 Frühlingszwiebeln
1 Karotte, 1/2 Stange Lauch
1 kleine Chilischote
1 TL Korianderkörner
2 EL Saké oder trockener Sherry

Für die Misosauce:
2 EL Reisessig
2 TL Miso
1 EL Saké
1/2 TL flüssiger Honig
1 EL Mirin
1/2 TL Wasabi
Petersilienblättchen zum Garnieren

1. Die Muscheln in stark gesalzenem Wasser für 1 Stunde wässern. Die Frühlingszwiebeln in 2 cm lange Stücke, die Karotte in Scheiben, den Lauch in Ringe schneiden. Die Chilischote fein schneiden.

2. Die Muscheln kalt abbrausen und zusammen mit dem Gemüse, dem Koriander, 4 Eßlöffeln Wasser und dem Saké in einen Topf geben. Das Ganze erhitzen und aufkochen lassen, bis sich die Schalen der Muscheln öffnen.

3. Die Zutaten für die Misosauce verrühren. Die Muscheln abgießen, noch geschlossene aussortieren und wegwerfen. Die Muscheln auf tiefe Teller verteilen.

4. Jede Portion mit etwas Misosauce beträufeln und mit Chili bestreuen. Mit Petersilienblättchen garnieren. Die restliche Sauce in einem Schälchen dazu reichen.

Jakobsmuscheln mit Tomaten

- Zubereitungszeit: ca. 20 Min.
- ca. 20 kcal je Portion

1 geschälte Fleischtomate
1 feingehackte Schalotte
1 EL Schnittlauchröllchen
$^1/_2$ TL scharfer Senf
1 TL japanische Sojasauce
schwarzer Pfeffer aus der Mühle
8 küchenfertige Jakobsmuscheln

1. Die Tomate entkernen und fein würfeln. Tomatenwürfel mit Schalotte, etwas Schnittlauch, Senf, Sojasauce und etwas Pfeffer vermischen.

2. Die Jakobsmuscheln jeweils quer einschneiden. Die Einschnitte mit der Masse füllen und die Muscheln mit dem restlichen Schnittlauch bestreuen.
(auf dem Teller in der Mitte)

Kabeljauröllchen mit Garnelen

- Zubereitungszeit: ca. $^1/_4$ Std.
- ca. 120 kcal je Portion

200 g angefrorenes Kabeljaufilet
2 Frühlingszwiebeln
1 EL feingehackte Petersilie
100 g feingehackte Garnelen
1 EL Öl, 1 EL japanische Sojasauce

1. Das Kabeljaufilet in sehr dünne Scheiben schneiden.

2. Die Frühlingszwiebeln sehr fein hacken und in einer Schüssel mit den übrigen Zutaten vermischen.

3. Die Füllung jeweils auf den Fischscheiben verteilen. Jede Scheibe gut einrollen.
(auf dem Teller unten: links)

Tip:
Anstelle des Kabeljaufilets können Sie auch ein Schellfischfilet verwenden. Wichtig ist nur, daß das Filet leicht tiefgefroren ist (wenn Sie das Filet frisch kaufen, legen Sie es für einige Zeit in das Tiefkühlfach), es läßt sich dann leichter in hauchdünne Scheiben schneiden.

Lachstatar

- Zubereitungszeit: ca. $^1/_4$ Std.
- ca. 270 kcal je Portion

400 g frischer Lachs
2 TL japanische Sojasauce
1 EL gehackte Petersilie
2 TL Sojaöl, Salz
schwarzer Pfeffer aus der Mühle
2 TL roter Kaviar (Lachsrogen)
evtl. Zitronenviertel

1. Den Lachs mit einem scharfen Messer sehr fein hacken.

2. Das Tatar mit der Sojasauce, der Petersilie und dem Öl mischen und mit Salz und Pfeffer abschmecken.

3. Aus der Masse mit den Händen kleine Bällchen formen. Auf jedes Bällchen einige Kaviarkörnchen geben. Eventuell mit Zitronenvierteln garnieren.
(auf dem Teller unten: rechts)

Tip:
Verteilen Sie Tatar, Kabeljauröllchen und Muscheln auf 4 Teller. Etwas Sojasauce mit wenig Wasabi vermischen und die Sauce in 4 kleinen Schalen dazu reichen.

Gebratene Fischfilets auf Gemüsebeet

- Zubereitungszeit: ca. 1/2 Std.
- ca. 330 kcal je Portion

500 g Fischfilets
(z.B. Kabeljau oder Zander)
Salz
schwarzer Pfeffer aus der Mühle
2 EL japanische Sojasauce
etwas Mehl
3 EL Erdnußöl
1 Karotte
1 Salatgurke
2 Tomaten
1 Zwiebel
1 TL Ingwerpulver
100 g Sojasprossen
4 geachtelte Ananasscheiben
300 ml Soja-Früchte-Sauce (siehe S. 7)

1. Die Fischfilets in Scheiben schneiden, mit Salz, Pfeffer sowie 1 Eßlöffel Sojasauce würzen und in etwas Mehl wenden. 2 Eßlöffel Öl erhitzen und den Fisch darin goldgelb braten. Herausnehmen und warm stellen.

2. Karotte und Gurke in Streifen schneiden. Tomaten vom Stielansatz befreien und achteln. Die Zwiebel fein schneiden.

3. Das restliche Öl in einer Pfanne erhitzen und die Zwiebel darin zusammen mit dem Ingwer andünsten. Karotte und Gurke hinzufügen und mitdünsten. Dann Tomaten, Sojasprossen und Ananas dazugeben und mit der restlichen Sojasauce ablöschen.

4. Die Fischfilets jeweils auf Gemüse anrichten und jede Portion mit Früchtesauce übergießen.
(auf dem Foto oben)

Wolfsbarsch mit roter Sauce

- Zubereitungszeit: ca. 3/4 Std.
- ca. 400 kcal je Portion

2 Karotten, 4 große Wirsingblätter
1/2 Stange Lauch
50 g Ingwerwurzel
12 Kumquats (Zwergorangen)
6 EL japanische Sojasauce
Salz, Pfeffer, 1 Wolfsbarsch (ca. 1 kg)
1 EL Zitronensaft
2 geschälte Knoblauchzehen
2 TL Tomatenmark
2 EL Erdnußöl
2 EL Reisessig
4 EL flüssiger Honig
1 TL Speisestärke

1. Die Karotten, den Wirsing und den Lauch jeweils in Streifen schneiden. Den Ingwer schälen und in Scheiben schneiden. Die Kumquats ebenfalls in Scheiben schneiden. Diese Zutaten in einer Schüssel mit 2 Eßlöffeln Sojasauce, Salz und Pfeffer würzen.

2. Den Fisch mit der restlichen Sojasauce, dem Zitronensaft, Salz und Pfeffer würzen. Einen großen Topf etwa 5 cm hoch mit Wasser füllen und dieses zum Kochen bringen.

3. Den Fisch zusammen mit der Gemüse-Ingwer-Mischung in einen Siebeinsatz geben, das Ganze in den Topf stellen und zugedeckt über Dampf etwa 18 Minuten gar ziehen lassen.

4. Die Knoblauchzehen zusammen mit dem Tomatenmark im Öl andünsten. Mit Essig ablöschen, den Honig einrühren und die Sauce 6 bis 8 Minuten kochen lassen. Die Speisestärke mit 1 Eßlöffel Wasser glattrühren und die Sauce damit binden. Den Fisch zusammen mit dem Gemüse anrichten. Die Sauce extra dazu reichen.
(auf dem Foto unten)

SCHNELL · **AROMATISCH**

BRAUCHT ZEIT · **FEIN**

Japanisches Fischfondue

- Zubereitungszeit: ca. 50 Min.
- ca. 400 kcal je Portion

150 g Lachsfilet
150 g Meerfischfilet
200 g Hähnchenbrust (ohne Knochen)
8 Miesmuscheln
1 Stange Lauch
8 Blätter Chinakohl
Salz
8 Frühlingszwiebeln

Für die Knoblauchsauce:
1 Knoblauchzehe
5 EL Zitronensaft
7 EL japanische Sojasauce
3 EL Saké
3 EL Dashi (siehe S. 14)

Für die Sesamsauce:
4 EL Sesamsamen
1 EL Miso
1 EL Zucker
2 EL Reisessig
2 EL Saké
5 EL japanischer Senf
4 EL japanische Sojasauce

Für die Ponzusauce:
100 ml Zitronensaft
50 ml japanische Sojasauce

Außerdem:
1 1/2 l Geflügelbrühe
40 g Shiratakinudeln

1. Die Fischfilets und die Hähnchenbrust jeweils in Stücke schneiden. Die Miesmuscheln über Dampf kurz erhitzen, bis sich die Schalen öffnen. Die Schalen und geschlossene Muscheln entfernen.

2. Von den äußeren Blättern des Lauchs 6 bis 8 cm lange Streifen abschneiden, den restlichen Teil in Stücke schneiden. Die Lauchstreifen und die Chinakohlblätter mit kochend heißem Salzwasser überbrühen und dann kalt abschrecken. Die Kohlblätter zu kleinen Röllchen formen und diese jeweils mit den Lauchstreifen zusammenbinden.

3. Den Knoblauch schälen, durchpressen und mit den übrigen Zutaten für die Knoblauchsauce vermischen.

4. Die Sesamkörner in einer beschichteten Pfanne ohne Fettzugabe anrösten, im Mörser zerdrücken und dann mit den restlichen Zutaten für die Sesamsauce vermischen. Alle Zutaten für die Ponzusauce mit 50 ml Wasser verrühren.

5. Die Geflügelbrühe in einem Fonduetopf erhitzen. Die Fonduezutaten auf einer Platte dekorativ anrichten. Den Topf mit der Brühe auf einen angezündeten Spiritusrechaud auf einem Tisch stellen.

6. Jeweils Fisch- und Geflügelstücke zusammen mit einigen Nudeln auf Netzlöffeln in der Brühe garen. Gegarte Stücke in eine der drei Saucen tauchen.

7. Auf diese Weise die gesamten Fonduezutaten verzehren. Zum Abschluß die Brühe in Schälchen servieren.

Variationen:
Sie können dieses Fondue mit Garnelen, Scampi und je nach Jahreszeit mit Pilzen, vorgekochten Karotten und Kohlrabi, Spinat und weiteren Gemüsen ergänzen.

Lachs-Tofu-Bällchen

- Zubereitungszeit: ca. 3/4 Std.
- ca. 280 kcal je Portion

1 kleiner Kopf Eichblattsalat
3 EL japanische Sojasauce
2 EL Saké oder trockener Sherry
300 g Lachsfilet
300 g Tofu
2 EL Speisestärke
Speisestärke zum Bestäuben
3 EL frisch geriebener Ingwer
Öl zum Fritieren

1. Den Salat in einzelne Blätter zupfen und 4 Teller damit belegen. 1 Eßlöffel Sojasauce zusammen mit 250 ml Wasser und Saké oder Sherry in einem Topf aufkochen lassen. Das Lachsfilet hineingeben und darin 2 bis 3 Minuten pochieren.

2. Herausnehmen und sehr fein würfeln. Den Tofu in 6 oder 8 Portionen schneiden. Diese in kochendem Wasser sprudelnd aufkochen lassen, in ein Tuch geben und kräftig auspressen.

3. Den Tofu und die Speisestärke mit dem Lachs vermengen und das Ganze zu einem Teig kneten. Daraus Bällchen von 3 bis 4 cm Durchmesser formen und diese mit Speisestärke bestäuben. Den Ingwer mit der restlichen Sojasauce verrühren und die Sauce auf 4 Schälchen verteilen.

4. Öl in einem Wok oder in einer Friteuse auf 175 °C erhitzen. Jeweils 3 bis 4 Bällchen darin unter häufigem Wenden goldgelb fritieren. Auf Küchenkrepp abtropfen lassen und fertige Bällchen warm stellen. Die Lachs-Tofu-Bällchen jeweils auf dem Salat anrichten und die Sauce extra dazu reichen.

Rezeptverzeichnis

Dieses Buch gehört zu einer Kochbuchreihe, die die beliebtesten Themen aus dem Bereich Essen und Trinken aufgreift. Sie erhalten die Titel überall dort, wo es Bücher gibt.

Sie finden uns im Internet: **www.falken.de**

Bei diesem Buch handelt es sich um eine überarbeitete Ausgabe des bereits unter dem Titel „Japanische Küche" (Nr. 1605) erschienenen Buches.

Dieses Buch wurde auf chlorfrei gebleichtem und säurefreiem Papier gedruckt.

Wir danken der Firma SIGG AG, CH-Frauenfeld, für die freundliche Unterstützung.

ISBN 3 8068 1958 0

Umschlaggestaltung: Peter Udo Pinzer
Gestaltungskonzeption: Christa Johanna Gramm
Redaktion dieser Auflage: Elly Lämmlen
Umschlagfotos: vorne außen: **TLC-Foto-Studio GmbH,** Velen-Ramsdorf (Rezept „Heilbutt mit Ingwer-Soja-Sauce", S. 52 re.); vorne innen: (Rezept „Fischeintopf", S. 50); hinten: (Rezept „Geschmortes Schweinefleisch", S. 42)
Fotos: S. 9, 11, 17, 21, 29, 31, 32, 33, 37 u., 49, 52, 53, 55, 59, 62: **Culinas PR AG,** Luzern/Schweiz; S. 12 re., 13, 20, 24, 25, 34, 35, 44, 45, 57: **Kikkoman Trading Europe GmbH,** Düsseldorf; S. 6: **SIGG AG,** CH-Frauenfeld; S. 2, 12 li., 15, 19, 23, 27, 37 o., 39, 41, 43, 47, 51, 54, 61: **TLC-Foto-Studio GmbH,** Velen-Ramsdorf; alle anderen Fotos: **FALKEN Archiv**
Produktion: Dr. Reitter & Partner GmbH, Vaterstetten
Satz: Dr. Reitter & Partner GmbH, Vaterstetten
Druck: Ludwig Auer GmbH, Donauwörth

016050195X817 2635 4453 62